成长为更好的自己
——生命教育

邱 霞 著

汕頭大學出版社

图书在版编目（CIP）数据

成长为更好的自己：生命教育 / 邱霞著. -- 汕头：汕头大学出版社，2019.7

ISBN 978-7-5658-3586-5

Ⅰ. ①成… Ⅱ. ①邱… Ⅲ. ①生命哲学－教育理论 Ⅳ. ①G412

中国版本图书馆 CIP 数据核字（2018）第 092177 号

成长为更好的自己：生命教育

CHENGZHANGWEI GENGHAO DE ZIJI SHENGMING JIAOYU

著　　者：邱　霞
责任编辑：汪小珍
责任技编：黄东生
封面设计：瑞天书刊
出版发行：汕头大学出版社
广东省汕头市大学路 243 号汕头大学校园内　邮政编码：515063
电　　话：0754-82904613
印　　刷：朗翔印刷（天津）有限公司
开　　本：710 mm×1000 mm　1/16
印　　张：7.25
字　　数：100 千字
版　　次：2019 年 7 月第 1 版
印　　次：2022 年 8 月第 2 次印刷
定　　价：45.00 元
ISBN 978-7-5658-3586-5

前　言

人最宝贵的是生命。生命如一首歌，承载了智慧、力量和一切美好情感。所以，从生命的角度透视，教育应该首先关怀人的生命，关注生命的价值和人性的完善。教育的目的应该是帮助生命的正常发展并实现生命的意义。因而，在本质上讲，教育本应该就是生命教育。

生命教育是指通过对学生进行生命的孕育、生命发展知识的教授，让他们对自己有一定的认识，对他人的生命抱着一种珍惜和尊重的态度，并让学生在受教育的过程中，培养对社会及他人的爱心，使学生在人格上获得全面发展。实施生命教育，需要教师具有强烈的生命教育意识和有效实施生命教育的能力。实施生命教育，需要按照学生的身心发展特点和教育规律，整体规划生命教育的内容序列，使“认识生命、珍惜生命、尊重生命、热爱生命”的教育内容渗透到学校所有的教育教学活动中，充分发挥学科教学、专题教育、课外活动三大载体的作用。

生命教育不仅仅是一种理论，更是一种实践，贯穿于师生的每一刻交流之中。生命教育的宗旨就在于：捍卫生命的尊严，激发生命的潜能，提升生命的品质，实现生命的价值。“关注生命，尊重生命，珍爱生命，欣赏生命，成全生命，敬畏生命”则构成生命教育的目标。生命教育重要的是要培植学生的生命情怀。生命情怀是个体对自我生命的确认、接纳和喜爱，是对生命意义的肯定、欣赏和沉浸，以及对他人生命乃至整个生命世界的同情、关怀与珍惜。我们有太多的理由需要强调生命教育。生命教育旨在帮助学生能更好地理解生命的意义，确立起生命质量与生命尊严的意识，使他们能拥有一个美好的人生。生命教育，是一种全人的教育，它尊重人的生命存在，培育人的主体精神，反映教育的丰富内涵，促进生命的全面发展，让生命因接受教育而精彩，让教育因尊重生命而深刻。

本书在编写过程中参考借鉴了一些专家学者的研究成果和资料，在此特向他们表示感谢。由于编写时间仓促，编写水平有限，不足之处在所难免，恳请专家和广大读者提出宝贵意见，予以批评改正，以便改进。

目　录

第一章　回归教育的生命本质

进入新世纪的中国基础教育研究与实践，呈现出许多新的特点和价值取向。其中对于生命的关注是一个非常重要的领域，关怀生命，也成为当代中国基础教育改革与发展的重要价值取向。

回溯人类教育的发展历史，对于教育本质的追问一直伴随着教育发展的进程，纵览当今之教育，可以发现教育活动中存在着一种实证化、功利化、技术化和模式化的倾向。教育活动的中心似乎只是实证化和功利化的知识，而不是活生生的人；教育的过程仿佛是过度技术化和模式化的生产流程，而不是对人的全面而充分的培养。于是，一方面，我们惊喜地目睹教育的巨大发展和进步，教育的规模在日益扩大，知识量和信息量在不断增加，基础设施在大大改善并正在走向现代化，越来越多的高学历毕业生正走向社会，加入现代化建设的行列；另一方面，我们也非常担忧地看到，教育似乎正在变得越来越外在化和空心化，越来越离开人的内心世界，离开人的活生生的生命。这显然不利于人的全面发展和健康成长，也有悖于教育的本质、宗旨和使命。

众所周知，教育是传承文化、创造知识、培养人才的社会活动，是人类生存发展、超越自我的重要途径。人类一要生存，二要繁衍，三要发展。要生存就要解决衣食住行的问题；要繁衍就要生儿育女；要发展就要教育、学习，把前辈的生产经验、生活经验传授给下一代。而这三者也是分不开的，人类只有不断发展、创新，才能战胜恶劣的环境，获取更好的生存、繁衍的条件。可见教育在人类发展进程中的重要性。人类发展的历史就是人类通过教育不断学习、不断创新、不断超越自我的历史。因此，教育不可能离开人的生命而存在，人的生命也不能缺少教育的触动、引领和滋润，甚至可以认为，教育的本质就是生命。如果说现实的教育因为缺少了对生命的关怀而变得干涩悲凉，那么从生命的角度解读教育，回归教育的生命本质，则是基础教育重新焕发迷人光芒的必然选择。

正是基于对现实教育中生命意识缺乏的批判，生命教育的概念得以提出并迅速传播开来。生命教育这一概念的最大意义首先就在于激发了人们对于教育本质问题的重新思考，越来越多的教育理论工作者开始从生命教育的本质问题重新思考，越来越多的教育理论工作者开始从生命的教育角度理解教育，将生命作为教育的原点与本质。

第一节　教育与生命的内在联系

教育的本质是生命，源于教育与人的生命之间的内在联系，这种联系可以从三个维度进行理解。

一、教育是建立在学生个体生命基础上的活动

“人的生命首先是作为个体而存在的，离开个体生命的存在，一切都会失去真实的承担者和前提。”所以，现实生活中每一位学生个体的生命就是教育活动得以展开的基础和条件，教育只有在扎根于学生个体生命的基础上，才能找准自己的位置，开展自己的活动，完成自己的使命。这就要求教育工作者认真地去理解人的生命内涵，发现生命的意义，倾听生命的律动，以有效地促进生命的健康成长与发展。

二、教育是直面人的生命的一种活动

教育的对象是人，但是，在教育实践中，不少教育工作者是只见“人”而不见“生命”。也就是说，把学生当作一个抽象的、静止的人来对待，忽视了对学生个体生命的了解和关注，也忽视了对学生个体生命的关怀与呵护。教育活动应当关注学生个体的生命，这就是教育的主要目的。回到生命、直面生命、珍视生命既是教育的一个重要的基础，又是教育的一种天职、一种本义，更是教育的一种追求。因为只有回到生命，才可能理解作为生命表达的教育。回到生命，就意味着回到了教育的本源，在生命中对教育展开理解，也就意味着在教育中理解教育。这是一条真正的理解之路。

三、教育是唤醒人的生命意识的一种活动

既然教育要以人的生命为基础，那么，教育的重要任务之一就应当是唤醒人的生命意识。这里的生命意识是一个总体性的概念，它既包括对人的物质生命的满足，又包括对人的精神生命的提升；它既包括对人的生命的价值、信仰的理解和追求，又包括对人的生命实践能力、操作系统的养成。生命意识的养成，不但能够使学生深刻地认识到生命的价值，也能够养成他们丰富的生命情感、坚强的生命意志。

综上所述，人作为一种特殊的有意识的生命存在，不断地在追求自身生命价值的升华。教育在促进人对生命自身的超越，提升人的生命的精神境界，实现人的生命价值，寻求和创造人的生命意义等方面起着非常重要的作用。正确处理好人的生命与教育之间的关系，是生命教育的一个基础性的问题。基于这种思路，生命教育就必须根植于每一位学生个体的生命，关怀生命应该成为教育的基本价值，生命本身应该是教育的本质与核心。

第二节　教育对人的生命意义的构建

正是因为教育与生命的天然内在联系，促进人的生命成长理所当然地应该成为教育活动的重要目标指向。人是一个探求意义的生命存在，意义是人的生命存在的根本特征和最终依据，而教育能够实现人对生命意义的追求。教育要促进人对生命意义的理解，就必须做到以下几点。

一、引导学生认识生命的意义

教育要引导青少年学生去认识和了解生命的意义。那么，什么是生命的意义呢？生命的意义是“人的生命充盈、发挥和表现自身的自由感，是生命向死亡痛苦，向一切摧毁伤害自己的力量抗争的不屈感、悲壮感。总之，是生命的本质力量在克服一切障碍、创造属人世界中的自我肯定、自我确证”。教育要通过自己的启发、传授、引导，使青少年学生理解生命的这种意义。

二、引导学生发现生命的意义

教育在引导人去寻找和发现自己生命意义的过程中具有非常重要的作用。“教育通过人类物质文化、精神文化和行为文化的传承，给予人生活的基本知识和技能，更重要的是教育教给人生活的智慧，发展了人创造生活方式的智慧和能力，给予了人在黑暗中探求人生真谛的慧眼，有利于儿童通过教育，逐步把生活看得清清楚楚、明明白白。”

三、引导学生实现生命的意义

在人生短短的几十年时间里，如何使自己仅有的一次宝贵的生命具有人的价值、人的尊严、人的高贵，使自己的生命充满丰富的意义、蕴涵无限的情思、绽放闪耀灿烂的光彩等，都取决于人所受的教育和人对自己生命意义的追求。人在自己的一生中，拥有一种什么样的意义世界，他就拥有什么样的生活和人生。在世界的意义中所反射出来的乃是人生生不息的生命能力和人对自己生命意义坚持不懈的追求，而教育能够有效地引导人去实现自己生命的意义。“人的教育所关注的不仅仅是人的生存首要掌握的生活知识和技能，而最根本的是人的价值生命的实现，教育在本质上不是一种本能性活动，而是一种价值性活动，是与人乃至人类的生存状态、生活方式、生活质量相关的价值活动。”教育通过引导人进行自我反思、与人沟通和交往，通过对人的生命的教化与养育，促进人去实现自己生命的意义。

四、引导学生创造生命的意义

人作为地球上的万物之灵长，其对自己生命意义的追求和探寻不仅仅在于认识生命的意义、获得生命的意义、实现生命的意义，更在于创造生命的意义。“人生必须超越了它的庸常、重复和机械的因素，必须凭借想象进行有目标的活动，用新的展望刺激我们的思想，磨砺我们的感觉，并且尽量满足它们，唤醒我们的激情并寻求新的表达的可能性，从总体上说，还必须激励我们奋勇向前的意识，探索人类存在的未知能力。否则，人生便是无意义的、令人厌倦的，或者毫无新鲜感的人生，对于我们来说就是无意义的人生。”而教育的责任就在于通过启发和引导，使人不以僵化、不变的观念去株守固有的意义世界，而能在不断创新中提升、扩大已有的意义世界。有了教育的这种启发和引导，人就能够在自己已经获得的生命意义的基础上，进一步去发现、创造新的生命意义，从而刺激生命的激情，激发生命新的灵感，推动生命不断地焕发青春，从而实现生命意义的不断超越和升华。

第三节　重构生命教育的内涵与价值

当“生命教育”这一论题摆在现代中国教育者面前的时候，人们或许有几分困惑、几分茫然，这些年，随着学术界对生命教育的探索以及中小学生命教育实践活动的开展，人们对于生命教育的神秘感逐渐消失，生命教育在很多地区的中小学中已经成为必修课。

我们举个例子，从上海看，上海的基础教育始终保持在较高水平，很多先进的教育理念都是从上海延伸至全国的，生命教育也是如此。2005 年，上海市教委首开先河，颁布了《上海市中小学生生命教育指导纲要（试行）》，为生命教育从理性的楼阁转向实施的蓝图奠定了坚实的基础。但当我们试图真正走进“生命教育”的时候，我们不禁要对它的功能结构作出自己的理解。上海市将“生命教育”以政府文件的形式进入中小学教育，也许有其他理性的原因，但有一个直接的动因，那就是近年来发生在中小学校园和学生身上的触目惊心、发人深省的不珍惜个人生命和伤害他人生命的事件，引起了社会各个方面和教育管理层的高度重视，欲以系统的“生命教育”来从根本上预防和纠正。从已经颁布的政府文件的具体内容来看，充实细密，具有很强的操作性，而从生命教育实施多年的成效看，大多数的学校也能够认真实施，并在实践领域收到很好的效果。

“生命教育”的提出无疑拓展了教育本质更为开阔的理论和思考的空间。“生命”“人的价值”“人本教育”“生命教育”，类似这样的提法近几年来频频出现，这是中国基础教育改革的重大理论创新。但是，在多年的生命教育实践中，不难发现，随着社会的发展和教育的变革，生命教育的内涵与外延也应该发生变化，生命教育不应该再局限于单纯的生与死的教育，生命教育也不一定表现为具体的针对生命开展的教学活动，要真正回归教育的生命本质，就应该用生命的视角审视和重构当下的学校教育，将学校的办学理念、培养目标、教育教学、课程建设、师资队伍、文化建设、制度建设等相关工作纳入生命教育的范畴进行整体设计和考量，让学校的教学与管理焕发生命的光彩，让学校真正成为师生生命成长的载体与舞台。

在中国，无论是教育界还是其他社会各界，大家都非常熟悉两句话："教育的本质是育人""教育的根本任务是立德树人"。无论是"教育的本质是育人"，还是"教育的根本任务是立德树人"，人都是应该关注的核心。人，就是一个个鲜活的、各有特点的生命。育人，就是要关注生命的健康成长，指导学生了解生命、尊重生命、珍惜生命、热爱生命；育人，就是要激发对生命的价值追求，引导学生发展生命，追求生命的精神与意义，承担生命的责任与担当。学校，本就是生命的组合体，学生、教师、员工乃至校园里的一草一木，都是鲜活的生命；即便是那些看似没有生命的硬件设施设备，也因为人这个富有灵气的生命体的精心设计、创建和运用，而变得富有生命的韵味。李家成博士在《关怀生命：当代中国学校教育价值取向探索》中说过一句话："学校教育中的人都是生命体。无论教师、学生还是管理者，他们都是活生生的人，不是没有生命的物。学校教育就是直面生命的一项事业。生命内在的力量等待唤醒、激发，生命自身的尊贵需要我们敬畏。"所以，真正的学校教育，本就应该是直面生命的教育，本就应该是一部生命教育的史诗。一个处处充满生命气息的校园，一定会让生命之花绽放，而且多姿多彩、千姿百态、争奇斗艳。

第二章　生命教育的内涵与意义

生命教育由美国杰·唐纳·华特士于1968年正式提出并实践，然后向世界各国辐射扩展。生命教育的缘起有其深厚的社会历史根源，即美国社会种种负面现象以及死亡教育的兴起。近半个世纪以来，生命教育受到世界各国的普遍关注并广泛实施。20世纪90年代中国香港、台湾地区引入生命教育并开展实践，取得了显著成绩。随后，生命教育亦成为中国大陆教育界的重要议题，其发展大致经历了教育忧思与本土探索、学术诠释与学科界定、理论热兴与实践探求、国家战略与全新发展等四个阶段。面向未来，应提出“大生命教育”构想，倡议世界各国人民共同关注生命、尊重生命、热爱生命、善待生命、成全生命。未来生命教育完全可以回应时代呼声，助力人格培养，提升公民素质，促进人与自然和谐相处，进而造福整个人类社会。

生命是一切教育的出发点，生命个体的全面和谐发展是教育的终极目标。因此，指向人的终极关怀的生命教育既是教育的根本前提也是教育的最高追求。但受诸多因素影响，当前我国的教育实践尚存在个体生命灵动受压抑、个体生命健康被漠视、个体道德引导欠缺等不足，进而引发了种种漠视和不尊重生命的事件。当前我国的生命教育应当基于客观的社会现实需要和教育的终极追求，通过把握生命教育在各学科中的渗透性，正确理解生命教育发展的和谐性，突出生命信仰教育的迫切性等路径，提升生命教育的有效性和针对性，实现生命教育的价值回归。

自由和幸福是人类生活追求的永恒主题。我们倡导的生命教育就是为了生命主体的自由和幸福所进行的生命化教育。生命教育作为教育的一种价值追求与存在形态，其蕴藏着广博而深刻的哲学内涵。学校是学生日常生活的主要场所，也是开展生命教育的主要阵地。

每一个生命个体都应该对“学校”二字有着特殊的情结，因为大多数人的成长都离不开“学校”这个地方，学校是“有计划、有组织地进行系统教育的组织机构”。中国古代的学校称为庠、序、学、校、塾，最初也并非是专门的教育机构，而兼为习射、养老的场所。孟子曰：“庠者养也，校者教也，序者射也。”清末，开始兴办近代教育，称学校为学堂，辛亥革命后，新学制将“学堂”一律改称“学校”，并一直沿用至今。再追根溯源，英文“学校”一词起源于拉丁文，在拉丁文中，“学校”一词的原意竟然是“闲暇”。古希腊哲学家亚里士多德说：闲暇出智慧！用现在的语言翻译一下，“学校”就是师生共度的一段优雅、悠闲的时光，在这样优雅、悠闲的时光里“学生寻找自己的同伴，长大成人，发现自我”，共同实现师生的生命成长。正如泰戈尔说：“教育的目的是应当向人类传递生命的气息。教育是直面人的生命、关注人的生命、通过人的生命、为了人的生命质量的提升和生命价值的创造而进行的社会活动，是以人为本的社会中最体现生命关怀的一种事业。”教育事业唯一正当的价值追求就是让生命更精彩，关怀生命应该是学校教育的基本价值取向，生命教育应该贯穿于学校生活的方方面面。

理性的认知是生命教育开展的基础与前提，学校之中开展生命教育的理论与实践探索，首先应该建立在对生命教育内涵与意义的理性认识和深刻把握之上。

第一节　生命教育的基本范畴

1968 年，美国学者杰·唐纳·华特士首次明确提出生命教育的思想，并且在美国创建阿南达村、阿南达学校，开始倡导和实践生命教育思想，自此，生命教育的理念开始逐渐扩散延伸，并逐渐成为世界各国和地区教育改革的一个重要思路和价值取向。

从我国教育改革与发展的现实看，“生命教育”一词自 20 世纪 90 年代末进入我国教育者视野以来，人们对其内涵的理解及概念的界定众说纷纭。这是任何一种“新”教育产生与发展之初的必然现象，但当它发展到一定程度时，则需要对其内涵进行理性审视、理论澄清。因为内涵所反映的是事物特有属性或本质属性，所以对生命教育内涵的适当认识与理解，不仅是理论研究的任务，更是学校生命教育实践的需要。

一、生命教育的概念

关于生命教育概念的界定，目前国内外的研究可谓百家争鸣，不同的专家学者围绕生命与教育的关系，分别从不同的视角对生命教育的概念进行了界定。概括而言，主要包括以下三个观点。

（一）作为价值取向的生命教育

这种观点从批判教育的过度功利化和人文主义缺失的立场出发，强调教育的人文关怀和生命意义，认为教育是对生命本质的呼唤和回归。此类研究认为，现有教育关注知识的传递、理性的养成以及某一方面的技能培养，而忽视学生的存在意义、学生的生命体验以及学生的内在需求，呈现出回避生命、漠视生命的状态。表现在教育实践中，师生过多地被知识、制度、程序所限制；在教育价值整体取向上重视知识、技能目标，忽视教育整体价值的实现，背离教育的本质追求。因此，需要对现有学校教育价值取向进行自觉的反思与重建。

刘济良、李晗认为，生命教育就是“引导学生正确认识人的价值、人的生命，理解生活的真正意义，培养学生的人文精神”；肖川认为“生命教育旨在帮助学生理解生命的意义，提高生命质量和增强生命尊严意识，使学生拥有一个美好的人生。生命教育不仅仅是一个教育实践，它还是教育的价值追求”；刘铁芳从“生命情感与教育关怀”出发，指出“教育要关注个体、关注人，意味着要去关注个体作为生命的存在”；李萍提出“生命教育是一种以寻求人的生命本体为基础，以尊重生命的尊严和价值为前提，以发展个人生命的整体性、和谐性为目的的教育”。学校教育的价值取向就是要直面学生的生命存在，唤醒学生的生命意识，满足学生的生命需要，使学生在学校教育中自主、能动、积极地成长，从而促进学生的生命成长。

（二）作为教育内容的生命教育

这种观点从教育无视或轻视学生生命的事实出发，强调生命的本体价值，引导学生认识生命、敬畏生命、尊重生命和热爱生命，形成积极的人生态度，进而获得人格的全面发展。如王学风认为，生命教育是通过对中小学生进行生命的孕育、生命发展知识的传授，让他们对自己有一定的认识，对他人的生命抱有珍惜和尊重的态度，并让学生在受教育的过程中，培养对社会及他人，尤其是对残疾人的爱心，使中小学生在人格上获得全面发展。张振成认为，生命教育就是“从精神心灵的探索，启迪珍爱生命，发扬善性”；程红艳把生命教育定义为“以学生的生命活力为基础，关注学生生命，遵循生命发展原则，旨在形成学生健康的生命态度的教育”。许世平将生命教育分为生命意识、生存能力和生命价值三个层次，认为生命教育就是“通过有目的、有计划、有组织地进行生存意识熏陶、生存能力培养和生命价值升华，最终使其生命质量充分展现的活动过程”，并指出三个层次相互联系、相互渗透，会随着时代的发展变化不断注入新的内容。

（三）作为实践方法的生命教育

这种观点是针对传统的教育囿于固化模式而导致的非人本化的事实，倡导生命化的教育，强调对生命实践的体验，将教育寓于生活体验，使教育充满人文关怀。如王北生、赵云红认为，生命教育是依据生命的特征，遵循生命发展的原则，以学生自身潜在的生命基质为基础，通过选择优良的教育方式，唤醒生命意识，启迪精神世界，开发生命潜能，提升生命质量，关注生命的整体发展，使其成为充满生命活力，具有健全人格、鲜明个性，掌握创造智慧的活动。刘慧认为，生命教育是指回到生命之中、遵循生命之道、关爱生命、生命有爱的教育。成为优质的自己是它的价值追求，关爱生命是它的主题，生命叙事是它的主要存在方式。中国台湾和中国香港地区的生命教育都极为重视生命教育的生活化，提倡通过实践活动培养学生关爱生命的情怀。中国大陆许多学者也主张通过构建生命化课堂、建设体现生命关怀的课程等来实施生命教育。

纵观关于生命教育的论述可以看出，生命教育有广义和狭义之分。狭义的生命教育指的是对生命本身的关注，包括个人与他人的生命，进而扩展到一切自然生命；广义的生命教育不仅包括对生命的关注，而且包括对生存能力的培养和生命价值的提升。通过进行生命教育，表达对生命状态的关怀，对生命价值的追求，促进生命健康和人格健全，从而使人更好地体验、感悟和实现生命的意义。

二、生命教育的内涵

国内外教育界对于“生命教育”的不同解读，决定了生命教育是一个内涵非常丰富的科学概念。有效地实施生命教育，使教育体现生命的内在要求，首先就要认识生命教育的丰富内涵。

（一）生命知识的教育

生命知识的教育是生命教育最基础的内容，也是任何生命教育研究者和实践者不可回避的内容。

可以说，没有对生命的认知做基础，对生命价值的理性思考和实践追求也就成了无源之水、无本之木。

1.认知教育——珍惜生命

认识生命，不只是让学生获得关于生命的知识，“理性”地认识生命，而是要体验生命的特点，感受生命的美好。我国社会学家李银河认为：“生命是一个奇迹……能生而为人本身就是一个太多偶然因素构成的奇迹，从这个意义上说，每个人都是宇宙的幸运儿。”日本思想家池田大作强调：“最崇高、最尊贵的财宝，除生命外断无他物。”所以，生命教育要引导学生从生命科学、生理学、心理学、社会学等角度全方位认识生命的自然特性，进而认识到生命的可贵。同时，生命又是有限的、脆弱的，对于世界上的任何生物来说，生命都只有一次，不可重复，生命的失与得往往就在不经意的一瞬间，因此，我们要学会珍惜生命，珍惜生命给我们带来的种种机会，使我们能够去学习、工作、交流和成长。

2.生存教育——保护生命

生命延续的本能使任何生命都有一种与生俱来的生存欲望。如何保护和延续生命，抵制来自内外环境的侵害，是每个生命体都应该掌握的常识。但是在现实生活中，往往有一些人没有认识到这些常识的重要性，从而导致破坏生命、透支生命、践踏生命的现象层出不穷。开展生存教育，一方面要引导学生了解生存知识、自救知识，加强生命安全意识，学会自我保护，自觉抵制自残、暴力、赌博、吸毒、网瘾、纵欲等危害生命的行为，为自己和他人营造健康、安全的生存环境；另一方面，要引导学生正确对待生活与学习中的挫折、痛苦和逆境，不能以自杀、伤人、犯罪等损害生命的方式来逃避和发泄痛苦，而是要以积极的态度正视困难、克服困难，形成积极乐观的生活态度。

3.权利教育——尊重生命

在中国传统社会，严格地讲，是没有“权利”概念的，因为传统社会的礼法是一个家国同构的秩序系统。在“君君臣臣父父子子”的社会等级结构中，人的思维是“礼”性思维，不同等级的人话语权大不相同，在这种思维定式下，人际关系的建立表现为一种纵向的等级关系、义务关系和服从关系。随着近代民主化潮流的推进，西方社会普遍致力于追求“天赋人权”，倡导“人人生而平等”的权利意识，这种思潮使我们认识到：个人与他人的关系应该是平等的，每个生命都具有其存在、生活、发展的权利，他们有属于他们自己的生活方式，这种权利是神圣不可侵犯的。在当代社会，我们需要的是理性思维，确立一种自我和他人间的平等关系，而不能将个人的意志强加于他人。所以，生命教育要引导学生尊重生命，尊重不同生命主体的生活方式和行为习惯，学会理解，学会宽容，平等友爱地对待每一个生命。

4.死亡教育——热爱生命

面对“死亡”这个人类无法逃避的宿命，“向死而生”“以死观生”成为历代热爱生命的人们最真实的生命状态。法国作家蒙田说：“谁教会人死亡，谁就教会人生活。”死亡不是结束，而是生命的另一种形式，所以生命教育必须正视“死亡”。首先，正确认识“死亡”，死亡并不可怕，而是生命的一种自然归宿，只有认识到这一点，才能以一种轻松的状态投入到每一天的生活之中，才能在有限的生命中创造无限的生命价值。其次，用心体验“死亡”，“死亡”本身是不能被死者所体验到的，但我们却可以从自己的病痛中、从别人的死亡中、从一切自然物的消逝中去体验死亡，通过死亡的现象去感悟死亡的意义，去领会生命的价值，从而培养学生对生命的敬畏和热爱之情。

（二）生命关系的教育

“人的生命是一个由多重矛盾关系所构成的否定性统一体。”人是一个矛盾的存在，矛盾的两极在人的生命中同时存在，共同构成生命的有机组成部分，正是生命中的诸多关系的矛盾性和统一性，决定了人的生命的特性。作为矛盾统一体的生命，要实现整体的和谐，就要处理好个人与自我、个人与他人、个人与社会以及个人与自然的关系。

1.个人与自我——唤醒生命

每一个学生都具有发展的可能性，正如德国哲学家雅斯贝尔斯在《什么是教育》中所言，“年轻人都希望受教育，能从师获益，能进行自我教育”，我们的教育就是要使学生“清楚地意识到要成为完整的人全在于自身的不懈努力和对自身的不断超越，并取决于日常生活的指向、生命的每一瞬间和来自灵魂的每一冲动”。文化教育学派的主要代表人物斯普郎格指出，教育的目的并非传授或接纳已有的东西，而是从人生命深处唤起他沉睡的自我意识，将人的创造力、生命感、价值感唤醒。孔子把“修身”当作一项终生的事业，并把它作为“齐家、治国、平天下”的基石。苏格拉底也认为真正的智慧来自内心，需要自己不断地去追问和苦修。英国社会学家斯宾塞明确指出，“人类是完全从自我教育中取得进步的”。这就要求我们应该有意识地引导学生去关注自我，关注内在的发展需求和发展潜能，不断激发他们实现自我发展和自我完善的内在动力。

2.个人与他人——关爱生命

每个人都是社会中独立存在的生命个体，因而个人与他人的关系实质上就是生命与生命的关系，也就是说我们交往的对象、教育的对象是活生生的生命，而不是没有生命和情感的物体。生命与生命的交往应是人化的，而非物化的。然而，在功利主义大行其道的当代社会，人和人之间的关系在很大程度上被金钱和利益关系所取代，由此导致人际关系冷漠，人与人之间缺乏真诚的沟通和交流。表现在教育实践中，一些忽视学生生命特征，无视学生内心需求，扼制学生主体发展的现象时有发生。“教育不再把人作为独立的主体来培养，发展人的内在价值，而是把人作为工具，发展人的外在价值和工具价值”，导致教育主体意义的缺失。肖川教授认为，生命教育就是“用生命去温暖生命，用生命去呵护生命，用生命去滋润生命，用生命去灿烂生命”。因此，生命教育必须要关注作为教育主体的学生的生命特征和内在感受，用爱呵护每一个学生，促进学生生命的健康成长。

3.个人与社会——皈依生命

生命与生命相互联系构成了或大或小的生命关系网络，这些网络的动态组合构成了家庭、社会、国家等人们赖以生存的组织单位。任何人都不能离开社会网络而独立生存，正是这个社会网络的存在给所有身处其中的生命以安全感和归属感，个人也只有通过这个网络才能获得他人的支持而不断发展和提升。因此，生命网络联结的不只是生命对生命的相互需要，更是生命对生命的共同责任，这就要求人们在社会生活中学会尊重，学会关爱，学会宽容，学会与社会网络中的人和谐相处。生命教育要引导学生理解个人与社会之间双向的权利与义务关系，懂得在为社会的付出和贡献中提升个体生命的意义，同时也为个体生命找到得以安身立命的精神家园。

4.个人与自然——敬畏生命

人类对自然的态度经历了从膜拜、主宰到寻求和谐共处的历史演变，思考模式也从神话的思考模式发展到以经验和理性为基础的思考模式。科学的发展使我们摆脱了对大自然的盲目崇拜和莫名畏惧，并给予了我们适应自然、征服自然、改造自然的巨大能力。然而，科技发展的背后，也带来了环境污染、生态破坏等惨重代价。恩格斯就曾一针见血地指出："我们不要过分陶醉于对自然界的胜利，对于每一次胜利，自然界都报复了我们。"

生命是大自然的馈赠，那么我们应该如何对待养育生命的大自然？这要求我们首先认识到生命独一无二的内在价值。自然界丰富多彩，就是因为生命各具特色，每一个生命都拥有着无以穷尽的神秘性。只有我们认识到生命的有限性、珍贵性和独特性，我们才会发自内心地珍惜生命、尊重生命、敬畏生命。

法国思想家阿尔贝特·史怀泽认为"一切生命都有生命意志，每个生命都是应当敬畏的"，"敬畏生命、生命之间的休戚与共是世界上最大的事"。他明确指出"善是保存和促进生命，恶是阻碍和毁灭生命"，将对生命的态度上升到道德高度。对大自然保持敬畏之心，其实也是为了更珍惜和完善我们自己的生命。因而，生命教育就要引导我们认识生命的宝贵，懂得以敬畏生命的态度对待人类社会和自然界中的一切生命。

（三）生命价值的教育

生命价值是生命的最高形态，也是生命教育的核心内容。生命价值的教育就是引导学生认识生命意义、探讨生命价值、实现生命发展的过程。

1.生命存在价值——成就生命

生命的产生是大自然的一个奇迹，每一个生命都是独一无二的，就像世界上没有两片相同的树叶一样。生命是有限的，又是珍贵的，“如何让这有限的生命创造无限的价值”是很多人都会自觉不自觉思考的问题。我们首先要认识到：人的生命存在本身就是有价值的，因为所有的社会活动都是以人的生命存在为基础而展开的，因而人类活动的意义就在于使生命成为生命自身，成就生命价值，而不是异化成为外在的工具。生命的独特性、有限性和价值性等内在本质，决定了生命主体的自我性、自觉性和自为性。所以，生命价值教育首先要拨开纷繁芜杂的生命现象，明晰生命的本质，使人类的生命活动和创造发展的历史始终体现生命的气息。

2.生命道德教育——陶冶生命

长期以来我们把道德作为调节人与人之间、人与社会之间关系的行为规范，作为社会的一种意识形态，成为凌驾于个人之上的外在统治力量，从而有意或无意地遏制了个人的道德主体性。但是，道德的产生应该使人与人之间的关系变得更加和谐，从而保证人能够获得充分的自我发展，因而从根本上讲，道德是人存在的一种内在需要，“德育的目的在于指导个体的生命获得意义，因此，人的生命道德性是人之为人的基本属性，道德与生命是相伴相随的”。所以，生命教育应该重视具有生命价值的道德教育，发挥道德对个体生命成长的引领作用。

在个体生命成长和发展的过程中，道德教育不但可以提升个人的精神品质，而且可以促进个体的社会化发展。一方面，道德行为能够使个体获得某种心灵上的愉悦，体现个体的生命价值；另一方面，道德教育可以为个体提供正确的行为导向，规范与引导个体生命的社会化发展，不断提高个体的社会化程度。

因而，道德教育应该把人类社会的道德规范、价值理念渗透到个体生命的内涵之中，用超越现实的道德理想去培养学生，激励他们去追求理想的精神境界与生活方式，引导学生在处理人与人、人与社会、人与自然的关系时求真、崇善、尚美，从而使个体的生命获得高尚价值和美的熏陶。

3.生命挫折教育——完善生命

生命挫折教育理应是一种有意或无意的行为，既要有来自家庭的，也要有来自学校的，还要有来自社会的，目的是为了健全学生的人格，使学生在生命成长过程中，不因一个小小的争执、不因受到一点点打击、不因不健康的心理思想，而导致负面情绪，甚至出现生命意外。现实中，每个人的成长都不可能一帆风顺，过程中有掌声和鼓励，也有艰辛、险阻和困顿。但正因为有了这些困难，人生才会有奋斗，才有成功后的喜悦和酣畅。如果学生没有学会如何以积极的态度面对生命中的困难和挫折，没有认真思考人生的意义，也就不会懂得生命的珍贵和美好。

生命教育要使学生体味大自然给我们的恩赐，充分感受生命的美好，使我们有可能创造生活、享受生活，即使我们输掉了一切，也不应该输掉对生活的信念。“留得青山在，不怕没柴烧”，只要生命还在，一切都可以重来，一切都可能被创造。

4.生命信念教育——超越生命

教育作为一种有目的的实践活动，它的内涵就包含了超越性，“教育的宗旨并不是要把现实存在的人再摹写、再复制出来，而是要培养一代又一代的新人，实现对现实人的超越”。

生命教育要唤醒个体生命的自我意识和超越意识，启发人们追问生命的意义，追求人生的理想，从自然的、功利的、政治的境界向伦理的、艺术的、宗教的境界提升；还要引导人们对现实的不合理性进行批判、反思与重建，从现实生活中提升生命的价值，构建自身的生活方式，实现人生价值和对现实世界的超越。

学校教育的目的就是要“引导生命个体在短暂的生命中追求长久的意义，在不可复制的生命中活出自己特有的足迹，在脆弱的生命中活出坚强的信念，在不可替代的生命历程中凸显自己独特的光彩”。

三、生命教育的要求

生命是教育的逻辑起点和终极目标，因而学校教育必须遵循人的生命规律。生命教育应从尊重生命主体出发，遵循生命发展的规律，引导生命走向更加完美的境界。

（一）促进生命成长是教育活动的存在基础

马克思指出，“任何人类历史的第一个前提无疑是有生命的个人存在”。人的自然生命是一切教育活动的物质前提，没有健康的生命，教育活动就难以展开，因而促进生命成长是教育活动存在的基础。黄克剑教授明确指出，教育就是受教者在施教者的指导下，自主地对自我生命和个性的“成全”，“授受知识，开启智慧，润泽生命”是生命化教育理念的一个基石，因此，教育应当是生命化的教育，应以促进生命发展为根本。这就要求我们教育工作者要深刻理解生命的科学内涵，领会生命的存在意义，有效地促进学生生命的健康成长与发展。

然而，在当前的教育实践中，由于长期应试教育的不良影响，这种本该对学生生命成长的关注，无一例外地被简化，甚至异化为对考试分数的追求，偏向知识、技能目标，忽视情感态度的体验，铺天盖地的题海战术就是这种教育现状的真实写照。

（二）尊重生命规律是教育活动的内在依据

教育活动的出发点是生活中具体的、丰富的、充满活力的生命个体，因而要实现促进学生生命成长的教育目标，首先就要遵循他们身心发展的个性特征和内在逻辑，因材施教，循序渐进。

一方面，学生的生命规律体现一定的差异性。每个学生都是独一无二的生命存在个体，他们有不同的身心发展特征和内在需求，生命化教育应该尊重学生的生命特性，注重为适应个体的不同潜能而提供有差异的个性化教育。从孔子“因材施教”“有教无类”的教学设想，到加德纳的“多元智能”的教育理论，再到今天对学生不同需要、不同才能的教育关注，我们对个性教育的追求从来就没有停止过。

教育学者张文质先生明确指出：“生命化教育就是个性化、个人化教育，始终指向一个个永无重复、永难穷尽的生命个体。”但在当前的教育实践中，不注重学生个性发展的状况比比皆是，究其原因，主要在于我们的教育太强调共性，太强调统一标准了。在这种标准化、统一化的“规范”下，学生的思维被慢慢束缚起来，个性得不到发展，更谈不上生命的成长。生命化教育应该在尊重学生独一无二的生命特征的基础上，不断致力于满足不同个体生命的发展需求。

另一方面，学生的生命规律体现一定的阶段性。教育心理学告诉我们，人的身心发展具有一定的顺序性和阶段性，如果违背其发展的客观规律，不仅不能促进其发展，反而会适得其反。大教育家夸美纽斯认为，“教导的严谨顺序应当以自然为鉴，并且应当是不受任何阻碍的”。卢梭在《爱弥儿》一书中进一步强调教育必须遵循儿童的天性，让他们的身心自由发展。

苏联教育家维果茨基提出的“最近发展区”理论强调，“要使教育对学生的发展起主导和促进作用，就必须确立学生发展的两种水平。教育学不应当以儿童发展的昨天，而应当以儿童发展的明天为方向”。因此，生命教育应从尊重生命出发，遵循学生的生命特征与发展轨迹，引导生命走向更加完整、和谐与无限的境界。

（三）实现生命完善是教育活动的终极目标

教育是一项培养人的社会活动，而教育培养的学生是以一个完整的人为生命存在形态，因而实现学生个体的生命完善是教育活动的终极目标。正如叶澜教授所言，教育就其本身的意义来说，是“直面人的生命、通过人的生命、为了人的生命质量的提高而进行的社会活动，是以人为本的社会中最体现生命关怀的一种事业”。张文质先生进一步指出，“每一个生命个体都内在地蕴含了健全发展的可能性，教育就其本质而言，就是对可能健全的生命的成全”，生命化教育应该“始终以成全每一个健全和富有个性的人为自己最根本的目的”。

然而，传统的教育过多地注重教育的功利目标和工具价值，表现在教育活动中，即过度强调考试分数、升学率等可量化的指标，忽视学生的创新素养、人格品德等不易量化的指标的达成，把学生当成学习的机器。在这样的教育思维下，教育的工具价值取代教育价值，必将失去教育“育人”的本质意义。教育是面向生命的实践活动，要真正实现教育的终极目标，就应该尽快摆脱教育的“工具性”，回归教育的本质追求，关注学生作为教育主体的生命价值，并不断促进学生生命整体的发展和完善，进而为学生的终身发展奠定坚实的基础。

第二节　生命教育的实施价值

生命是一切教育的出发点，生命个体的全面和谐发展是教育的终极目标。因此，指向人的终极关怀的生命教育既是教育的根本前提也是教育的最高追求，因此，生命教育是在尊重生命本质基础上的多层次关照生命的人本教育，它是以生命为核心，以教育为手段，遵循生命发展特征，有计划、有组织地引导受教育者正确地认识生命、珍惜生命、尊重生命、爱护生命、享受生命、超越生命，与周遭环境和谐相处，提升生命质量、获得生命价值的教育活动。学校之中开展生命教育，既是社会转型发展滋生的一系列问题得以解决的必备条件，也是实现教育改革目标、促进学生生命成长的必然选择。

一、现实的悲剧呼唤对生命的关怀

人人都拥有生命，但不是每个人都能珍惜生命，懂得欣赏生命的多姿，发现生命的意义和价值，享受生命的快乐和幸福。许多人不懂得生命的真谛，不仅不享受生命，反而常常制造戕害自己和他人生命的悲剧。翻开报纸，打开电视，浏览网页，我们几乎每天都可以看到生命逝去的报道，他们或死于自然灾害，或死于人为的事故，或死于自杀和他杀，更让人感到震惊的是中小学生自杀事件时有发生，生命之花来不及绽放就黯然凋零，生命乐章来不及奏响就戛然而止，让人痛心疾首，扼腕叹息。“2002 年，加拿大医生 Michael Phillips 和他的中国同事在国际权威杂志 Lancet 上发表了《中国自杀率：一九九五——一九九九》的报告。报告指出，中国的自杀率已达十万分之二十三，大约相当于美国的两倍，中国已经成为世界上自杀率最高的国家之一。国内的有关报道也指出，近几年来，自杀已经成为我国 15～34 岁人群非正常死亡的首位死因，且自杀的低龄化趋势也越来越明显，青少年已经成为自杀的高发人群之一。同时，社会的转型发展，文明的不断进步，在给我们带来优越的物质生活的同时，也给人类带来了生命与社会和生命与自我的疏离。文明的发展，一方面帮助人类走出蒙昧无知，另一方面也使人类陷入了从未经历过的危机之中。人类为文明的推进付出了巨大的代价，生态环境的日益恶化、资源枯竭带来的地区冲突、恐怖事件的频发、经济条件的严重分化、一些重大疾病患者的年轻化以及各种各样的犯罪等，无一不在挑战着人类的存在感和生命感。人们在这些动荡和冲击之下严重缺乏安全感，无法理解生活中诸多的现实矛盾，也无法解释生命存在的本身及其意义所在，而无处安放的灵魂自然而然地会使人们把自己装入套子之中戒备森严，甚至轻视生命。在这种情况下，本应该与周遭环境和谐相处的人类却宁愿把自己的内心交付给虚幻的网络世界，与自然、社会疏离，从而难以理解、尊重和善待自己及他人的生命。

这一切都向我们发出警示：为了悲剧不再重演，必须唤醒个体的生命意识，必须彰显对生命的终极关怀，以关注生命、尊重生命、珍爱生命、欣赏生命、成全生命、敬畏生命为目标的生命教育势在必行。

二、教育的改革呼唤对生命的认可

生命是教育开展的起点并且决定着教育的逻辑，教育源于生命也理应回归生命，教育从本质上来说是对人类认识和改造客观世界及自身的积极影响。我国现行学校教育中也存在不同形式的生命主题教育，但目前的教育大多注重人们“何以为生”的技能而忽视“为何而生”的引导。教育被普遍作为一种理性认知的工具，对于受教育者的生命体验和感受则很少涉及，教育目标中的生命困境影响了青少年生命的健康发展，因此，开展生命取向的学校教育改革应该成为今后一段时期中小学教育教学改革的一个重要方向。

（一）教育的标准化压抑了教育主体的生命灵动

生命是灵动多彩富有创造力的，每个生命都是独一无二的，孔子就提出过针对不同性情禀赋的学生要“因材施教”。而为了高效地培养标准化人才，现行的教育把受教育者按照计划好的统一程序来进行控制和引导。学生作为个体生命，其感情、心灵和个性在很大程度上没有得到应有的尊重和理解。教育是以人为本的，而“人”本身却被教育忽视，教育的标准化和自我意识的矛盾日益突出。这需要我们给予个体生命以充分的人文关怀，构筑起理想的生命教育理念。

（二）教育的功利化漠视了教育主体的生命健康

在当今知识社会，要想在社会竞争中占据有利地位，比其他竞争者拥有更丰富的文化知识，学习无疑是一个重要的前提条件。也正是基于这种认识，终身学习的意识日渐普及，各种补习班、培训班也应运而生。然而，在尊重知识、尊重人才的社会氛围中，我国教育领域也出现了不少急功近利的行为。例如，有些学校为了追求升学率，缩短甚至是取消与升学考试无关的课程，占用课外活动时间，甚至延长晚自习时间。这些漠视青少年生命健康的行为已经带来了诸多危害。我国中小学生健康调查报告表明，近年来，我国中小学生的视力整体下降，脊柱侧弯的发生率明显上升，高强度的学习导致青少年身体素质逐年下降。从生命视角来看，这种只追求短暂效益的教育未必能收到理想的效果，是一种无视生命存在的反教育行为。教育只有面向生命、尊重生命，才能使个体得到自由全面的发展。功利化的教育不重视学生追求学习本身的感受，使学习变成不能承受之重，使学生为学所累，给他们的身心都造成了严重的不良影响。

（三）教育的片面化淡化了教育主体的道德引导

道德引导是教育的催化剂。我国教育非常重视知识的传授，知识成为教育最主要的“信使”，我们所说的“学习”通常状况下是单纯的文化知识学习，是为“知”而知，并未或者只是较少地包括非知识方面的因素。这种重学科知识传授轻综合素质培养的倾向淡化了教育主体的感受以及内在的价值追求，使教育脱离了生命本源。长期以来，学生为了考试而沉浸在题海中，“两耳不闻窗外事，一心只读圣贤书”。许多学生学习成绩很好，但是心理、道德方面发展不健全。近年来我国校园发生的杀人、投毒事件显示出当今一些学生对生命的漠视和不尊重。

三、学生的成长呼唤对生命的尊重

学生的成长是教育的终极目标，但是教育要实现学生怎样的成长以及教育怎样实现学生的成长，却是一个不容易回答的问题。从传统教育“在明明德，在亲民，在止于至善”的教育追求到现代教育“为学生的终身发展奠定基础”的教育理念，从荣格对个体内心世界的关照到蔡元培培养学生“健全人格”的教育实践，尊重学生的发展需求，促进学生身心的全面发展一直是教育的应有之义。然而，在长期应试教育的思维定式下，学生被异化为学习的机器，他们缺少对生命的理解与欣赏，找不到自己生命的意义与价值。同时，伴随着现代社会物质生活的日益丰富和社会环境的日益复杂，青少年学生极易产生生理、心理和道德发展的不平衡现象。由于学生成长过程中出现的种种困惑常常得不到及时指导，对无法预料且时有发生的隐性伤害往往难于应对，导致一些学生心理脆弱、思想困惑、行为失控等现象层出不穷，严重阻碍学生身心的健康成长。因此，积极开展生命教育，引导学生正确认识生命的意义与价值，帮助学生形成正确的人生观与价值观，是学校教育不可或缺的基本职责，也是促进学生身心成长的必然选择。

学校是学生成长的重要载体和平台，学校教育的目的“包括两个基本方面，即对人的身心素质发展作出规定和对人发展的社会方向作出规定，前者体现的是教育目的的个人价值，后者体现的是教育目的的社会价值”，二者缺一不可。然而，在教育功利化的潮流中，教育被异化为考试和谋生的工具，在教育目的上往往片面强调教育的社会工具价值，倡导“知识本位、技术至上”，忽视教育在培养个性、健全人格等方面的教育价值，导致教育本真意义的缺失；在教育过程中，片面强调知识、技能的灌输和训练，忽视学生对学习过程的体验和感悟，导致学习意义的缺失；在教育评价中，片面强调知识、技能等可量化的显性指标，忽视情感态度等不易量化的隐性指标，导致评价发展意义的缺失。开展生命教育，尊重学生的主体地位，满足学生的发展需求，促进学生身心的全面发展，是学校教育的本质意义，也是促进现代学校教育发展的必然要求。

由此，不论是基于学校教育目标的分析，还是基于学生个体的生命成长需要，过去那种忽视学生生命成长规律、漠视学生生命成长需求、压抑学生生命成长价值的教育理念与方法都已经面临着严峻而紧迫的转型和改革需要，关怀生命、认可生命和尊重生命理应成为各级各类教育的本质和核心价值取向。所以，我们必须要实施生命教育，我们期待着通过生命化的教育使得“教育”可以真正“名实相符”。我们期待着通过生命教育使课堂焕发出生命的活力，提升师生校园生活的质量，进而树立起生命神圣的观念，在生命的根基上确立起人的内在的不可让渡的尊严。我们期待着通过生命教育，使学校变得更有吸引力；通过生命教育，使学生个性变得丰富而舒展，人格变得正直而强健；通过生命教育，让幸福从此熙熙攘攘，让幸福从此洋溢心房。

第三节　生命教育的理性认知

基于对生命教育内涵的理解，2005 年出台的《中小学生生命教育指导纲要（试行）》明确提出：生命教育着眼于全体学生的身心和谐发展，倡导认知、体验与实践相结合的教育原则，除了使学生学习并掌握必要的生存技能，还应帮助学生学会欣赏和热爱自己的生命，树立积极的人生观，为学生的终身幸福奠定基础；着眼于学生个性的健康发展，为提升学生的生存能力和生命质量奠定基础；着眼于增强学生在自然和社会中的实践体验，倡导学校、家庭与社会相结合的教育原则，为营造健康和谐的生命环境奠定基础。应该指出的是，理念是行动的先导，生命教育上述目标的实现，必须首先建立在对生命教育的科学认知基础之上。前文我们已经分析了生命教育的内涵及其实施的必要性，从当前很多中小学生命教育的实践看，确实也已经在很多领域取得了非常积极的显著的成果。但是，不容回避的是，在生命教育的实施过程中，还存在一些认知上的误区，直接影响了生命教育的实施成效。由此，澄清生命教育的认知误区，形成对生命教育的科学认识，是推动学校生命教育理论与实践变革的基础性条件。

一、澄清对生命教育的认识误区

（一）生命教育知识化，忽略了学生积极情感、态度的养成

目前，一些学校将生命教育仅仅等同于生命知识的学习、记忆和生命现象、生命规律的了解与把握。例如，学校通过开展安全教育、青春期教育等帮助学生习得交通法规、救生知识和青春期知识等，但知识传授的目的主要指向学生物质生命的保存与延续，在知识传递的过程中缺乏人文关怀和积极情感的渗透。这种缺乏与人情感世界沟通的生命教育，进一步增加了学生原本沉重的课业负担，并且割裂了学生作为知、情、意、行高度统一的生命个

体的完整性，不利于学生的身心和谐发展。仅仅依靠生命知识的习得，无益于丰厚学生对生命的感悟、体验及积极生活态度的养成，也难以培育学生对生命世界的热爱与对未来生活的憧憬，一旦遭遇挫折，消极情感导引下的学生甚至会运用所学知识扼杀自己的生命以寻求解脱。频频发生的中小学生跳楼事件反映出，学生都已把握高空坠楼会危及生命这一知识，但恰恰是消极的生活态度促使他们要用这种方式结束自己的生命。因此，知识化倾向的生命教育无法引起学生精神世界的应和与共鸣，也因此无力穿越、抵达人的心灵，在本质上只不过是游离于学生精神世界的外在物而已。

（二）生命教育表浅化，无益于个体生命品质的提升

首先，生命教育表浅化是生命教育知识化的延伸与体现。生命教育的目的是要培育完整的人、幸福的人，整体提升个体的生命品质。而知识化的生命教育已严重偏离了这一轨道，知识的价值遮蔽了人的尊严和价值。这样的生命教育将丰富多彩、灵活多样的生活世界窄化为封闭、狭隘的知识世界，将精神生活与人生价值的追求矮化为物质生命的存续与繁衍，这种窄化与矮化体现了生命教育的表浅化。

其次，教育的功利化导致学校生命教育的表浅化。众所周知，形而上的教育理念从提出到落实于具体的教育活动之间还有一个精心铺陈、逐步推进的精细化过程，但在当今急功近利的社会环境影响下，这一过程被人为地浓缩，并涂抹上功利的色彩。为迎合外在的评价，当前许多学校的生命教育活动过多着重于外在形式的花样翻新及引人耳目，但喧嚣热闹的外表难掩其实质内容的空洞、肤浅、粗糙、生硬。缺乏朴素本质与科学设计，实施的生命教育从根本上放弃了对学生身心发展特点与主体需要予以尊重的立场，学生的主体性、个别性丧失，成为配合学校活动开展的统一道具和被动执行者。

表浅化的生命教育无法为学生的生命成长提供充足的养分，既无助于消解学生背负的学习压力与生活压力，也无益于解决学生成长过程中遭遇的人生困惑。当学生面临困境却在知识世界里寻找不到生活的答案，在物质世界获得感官满足却在精神世界迷失自我的时候，往往容易产生内心的冲突甚至

绝望。因此，表浅化的生命教育无法触及生命教育的内核——提升人的幸福感和生命质量。

（三）生命教育单一化，降低了生命教育的实效性

当前学校生命教育的实践中存在着教育主体、教育形式单一化的现象，学校与家长、社区的合作仍未深入，教育形式仍以说教为主。家庭作为最早对孩子进行生命教育启蒙的场所，却往往忽略了对孩子的生命教育。现在，有相当一部分家长缺乏科学的家庭教育理念和方法，他们把对孩子的爱极大地物质化、金钱化，尽其所能地单向给予，从而使孩子不懂得珍惜敬重与感恩回报，更谈不上关爱他人。而且，这种孩子的环境适应能力、独立生存能力也较差，遇到困难与挫折，会产生无力无助感而导致轻易放弃，甚至包括放弃自己的生命。

社会环境中不良文化的传播也成为阻碍青少年健康成长的重要因素。现代信息社会的到来，社会文化的广泛传播，也对当前学校实施生命教育提出了新的挑战。一方面，一些诸如宣扬凶杀、色情、拜金主义、享乐主义等负面文化的网络游戏、影视作品等因其娱乐性较强而极易被青少年所接受，并通过现代媒体的快速传播极大地放大了其负面效应；另一方面，学校的教育形式却比较单一，主要以传统的说教方式来宣传社会的主流文化，难以激发学生的学习兴趣和内心感悟。

二、形成对生命教育的科学认识

生命教育不是教育领域的新词汇，它的理念和实践已经具有数十年的历史，但是，伴随着社会的发展和教育的变革，生命教育的内涵与外延也应该发生相应的变化。基于对生命教育概念、内涵、要求和意义的理解，结合当前学校生命教育实施过程中存在的误区，我们认为，应该对生命教育形成以下几个方面的科学认识。

第一，学校的生命教育，不仅仅是生命知识的教育，也不应该仅仅局限

于生与死的教育。生命教育是一种教育方式，更是一种教育理念，它指引和号召着学校教育主体从生命关怀的角度重新理解和建构教育，回归教育的生命本质，让教育焕发生命的光彩，让关怀生命真正成为教育的核心价值取向。

第二，学校的生命教育，有其特定的规律与特征，在开展生命教育的过程中，应该充分考虑不同年龄、不同人生发展阶段学生的生命特质和生命成长需要，对生命教育的内容、目标和实施方式进行针对性的设计，提升生命教育的有效性。

第三，学校的生命教育，不是一种孤立的教育形式，尽管在很多中小学，已经开设了生命教育的专题课程，在校本课程建设的过程中，也有很多学校选择了生命教育作为主题。但是，学生生命的激扬与达成，不能仅靠有限的生命教育课时，而应该注重形成学校生命教育的资源群，特别是要充分挖掘学校管理、学科教学、社团活动等的生命教育元素，让学校的生命教育体系变得完善丰满。

第四，学校的生命教育，不能仅靠生命教育的专任教师完成，实际上，在很多学校，也没有生命教育的专任教师。在开展生命教育的过程中，应该注重师资队伍建设，特别是要充分培养每一位教师的生命教育意识，激发他们对生命的认可、尊重以及参与生命教育的积极性。另外，还应该充分发挥家长、社区的力量，形成生命教育的合力，破解生命教育资源的贫瘠问题。

第五，学校的生命教育，关键不是传递给学生生命的有关知识和技能，而应该将着力点放在学生生命意识的唤醒上，应该通过生命教育让学生在认识生命、热爱生命和尊重生命的基础上实现对生命成长的价值超越。

第六，学校的生命教育，不是一成不变的，时代在变化，教育在改革，师生的生命情态也在发生着动态的变化。由此，开展生命教育应该审时度势，应该充分考虑生命教育的共性和学校的个性，对生命教育的理念与实践进行校本化的研究，形成针对性强、实效性高的校本化生命教育实施模式，为学生的生命成长奠定基础。

第三章　探索学校生命教育的实施路径

我们时代的“生命理想”就是拥有“生命自觉”的生命，它也是我们时代的教育理想。生命自觉是时代精神催生的产物，同时也承接了中国传统教育的精髓。它表现为对自我生命的自觉、对他人生命的自觉、对外在的自觉以及将不同自觉对象实现沟通转化的自觉。基于生命自觉的教育自觉，表现在教育目的、教育内容、教育方式等维度。基于生命自觉的教育学自觉，要求教育学研究者从教育学立场出发，自觉以教育学的方式理解和实践生命自觉。

每个教育工作者都不得不承认，我们正处于一个激荡的教育改革时代，这一时代背景决定了学校开展生命教育的复杂性，也为多元化设计生命教育的实施策略提供了现实背景。

从前文对生命教育概念的解读、生命教育历史的回溯以及生命教育开展的基础性条件的解读看，学校进行生命教育必须注重多元途径的打造，只有设计多样性的生命教育路径，才能真正满足学生生命成长的需要，实现生命教育的目标。本章将以某市一中学——市一中为例进行相关方面的探讨。

第一节　创设浸润生命的人文环境

“生命化教育”的过程是对生命的点化与启迪的过程，也是不同生命间交流的过程。在教育活动中，教育者应尊重、激励、包容每个受教育者，使每个受教育者都能得到均等的受教育机会。无论受教育对象的性格是外向还是内向，无论他们的智商是高还是低，无论他们的身心是否健全，教育者都有责任和义务平等对待他们，都有责任和义务使每一个受教育者得到锻炼和发展，这不仅涉及具体的教育教学方式的改革，也涉及整体环境的打造。也就是说，真正弘扬生命关怀的教育，应该发生在关爱生命的人文环境之中，对于教育工作者而言，应该注重打造浸润生命的人文环境，发挥环境的“润物细无声”作用，只有让学校的每一次活动、每一项工作、每一场改革都渗透出强烈的生命关怀，学校生命教育的开展才能有环境的保障，也才能真正持久地发挥作用。市一中正是有着优良的文化传统、良好的人文环境，使得生命教育自然而然，逐步推进。

一、孕育生命灵气的校园空间环境

近年来，在推进学校文化建设的过程中，环境的育人作用越来越受到认可和重视。有研究者指出，在中小学校园环境设计中，有意识地融入健康的情绪情感和积极的价值观，使得校园中的各种物质载体能够对学生产生心理感染与暗示作用，是校园环境设计教育寓意性的基本内涵。

位于某市市中心的一所中学校园——市一中，经历了两次面积翻番的“长大”过程。20 世纪 90 年代以前，该校的校园比较“袖珍”，约 12 亩左右，只有校门，一个小花园，两幢四层的教学楼和一片 300 米跑道的操场。20 世纪 90 年代末，在教育局的大力支持下，建起一幢八层楼高的教学楼，该校的校园面积扩大了一倍。

不管校园面积有多大，市一中都把校园作为生命成长非常重要的场所来精心设计和建设。不管哪个时期，走进市一中校园的人们，无不赞叹其精致和灵气，赞叹市一中校园里似乎每一堵墙都会说话，每一个空间都有生命的故事。

今天近60亩的校园里，那份优美、那份灵气、那浓浓的生命气息似乎已然成为一种自然与人文交融的生态。那视野开阔、错落有致的大小操场与草坪，环绕着樱花、海棠、桃树、冬青灌木、樟树，待到春光烂漫时，那花儿从芽儿到花蕾再到怒放的生命，真是让人心醉。校园里那片竹林掩映下的金字塔与曲水流觞的意境，总吸引低年级学生在那儿跳动、高年级学生在那儿沉思。

二、洋溢生命关爱的班级教室课堂

校园，是生命在学校里成长发展重要的大环境。而班级教室、课堂是与生命成长关系更密切、影响更直接的小环境。身处怎样的一个班级集体、怎样的课堂生态，对学生会产生深远的影响。学校教育中，有很多富有生命意蕴的情境，包括物理性的情境和心理性情境，教室、课堂既具有物理性情境也具有心理性情境。所以，该中学一直非常注重“温馨教室”创建，倡导“温暖课堂”，并提出了具体的建设要求。

（一）物质环境布置怡人

温馨是个体内心的体验，温馨的体验离不开温馨的物质环境。温馨的物质环境更多地应表现在环境的人文功能建设上，要坚持以人为本，使环境为师生服务，环境为师生所需。在教室物质环境建设中注重“安全、舒心、美观、宜人”，力求达到“硬件设计讲人性，环境布置显温馨”的最佳状态。班级师生共同打造生存和发展的最佳空间，形成有班级个性特色的布置，凝聚全班师生智慧与追求的班级口号、班级规范，发挥班级书画特长学生的才能。教室各种用具的摆放，教室的桌椅和个人物品的摆放，教室绿化布置，读书角布置，黑板报及学习园地的布置等，都要精心设计规划，既匠心独具又怡人育人。温馨教室的物质环境是看得见的，学校定期组织评比展示。

（二）营造和谐的人际环境

人际环境，主要是指良好的教育教学关系，既包括教师和学生的关系、学生和学生的关系，也包括教师和教师（更多的是指班主任和任课教师）的关系、教师和家长的关系。在班级人际环境建设中注重“平等、公正、真诚、互助”，力求达到“沟通协调讲诚信、人际交往见真情”的最佳状态。倡导师生、生生、师师之间，在平等、公正的基础上，做到互相爱护、互相帮助、诚信交往、真情相处。教师和家长之间，为了促进学生发展的同一个目标，坦诚交流、相互支持、形成合力。

温馨教室的人际环境似乎看不见，但能感受得到，而且会通过各种场合和活动体现出来，也会体现在班集体建设成效、教育教学成果和学生发展情况上。实际上，人际环境蕴含着班级的人文环境。班级学生文明礼貌，积极向上，团结友爱，有集体荣誉感，学校的各项活动积极参与，把个人融于班集体中，处处爱护班级，关心班级，为班级添光彩，共同为创建优秀的温馨班集体而努力，这是温馨教室人文环境最直观的体现。学校也会通过“家乐杯”征文，从学生和家长中了解他们对所在班级温馨教室的感受。

（三）课堂环境尊重互动

在课堂教学中倡导以课程内容为中介的师生共同参与的教学相长的教学活动，使课堂教学成为学生体验知识创造的过程。教师的教风和学生的学风是校风的重要组成部分，也是师生整体精神风貌的具体反映。在课堂教学环境建设中注重“勤勉、笃学，活跃、宽松”，力求达到“教风学风要严谨，求索创新入佳境”的课堂教学最佳状态。

课堂教学，教师要指导学生明确学习目的，端正学习态度，养成良好的学习习惯，上课认真听讲，积极参与课堂教学，积极讨论，积极发言，作业及时完成，清楚端正，养成不懂就问的好习惯。

此外，更重要的是关注学生差异、尊重学生差异，帮助指导每一位学生在个性差异的基础上发展，让个体差异成为促进生命发展的资源。这一点，在班主任进行班集体建设、营造和谐人际环境中亦是如此。

学校教育生活中，存在着大量的个体性差异，不仅仅在于教师与学生之间，而且在于学生与学生之间、教师与教师之间、进入学校教育生活场景的“他人”之间。差异性的存在，对个体而言，意味着新的可能的召唤。差异性的存在，为个体提供着自身存在的参照。这种差异，无论是学生之间的差异、教师相互之间的差异，还是师生之间的差异，都可能成为唤醒与滋养“自我”生命意识的一种信息。学校教育要将差异变为生命的财富，使它能促成个体的自我更新，成为个体生命的能量源，成为人与人相亲相近、共生共荣的基础。

（四）自身心理环境健康

“温馨教室”创建离不开每一个置身其中的个体。每一个个体健康的人格有利于教育环境的和谐、温馨，和谐、温馨的教育环境有利于促进每一个个体健康人格的发展。在自身心理环境建设中注重“自信、自尊、平和、达观”，力求达到“自我意识能稳定，顺境逆境好心境”的最佳状态。鼓励教师实现人生价值，有效带领学生走向成功。

这里着重讲一下市一中的心理健康教育，我们认为，对于学生生命的关注，一个基础性的条件就是确保学生的身心健康，而相较于身体的健康，学生心理健康问题显然更值得重视，也需要更为细致的研究和思考。在开展生命教育的过程中，我们认识到，心理健康是学生生命成长的基石，创造性地开展心理健康教育，是生命教育的应有之义。该校着重从以下几个方面对学生开展心理健康教育，确保学生心理环境的健康。

1.开展多层面、阶段化的课程教学

近年来，学校根据各年级学生的年龄特点、心理特征和发展需求，制定了完整的心理健康教学计划和各年级的教学重点。高一以适应和初步自我探索为主；高二以全面了解和发展自身潜能为主；高三以增强自信和树立目标为主。坚持三个年级全开心理辅导基础活动课，广泛开设心理研拓课。人际沟通、情绪管理、学习心理、生涯规划，深受学生欢迎。学校定期组织开展以心理健康教育为主题的班会课，多位班主任的心理教育案例获得“全国中小学和中职学校思想道德建设优秀成果展评”二等奖。

2.坚持规范化、点面结合的心理辅导

学校长期坚持开展心理咨询工作。心理中心的咨询室每个工作日中午都会开放，全校师生或家长也可以通过预约的方式协商时间。除了面对面咨询，学校还开设心理咨询电子信箱，全年为同学提供咨询服务。对于所有形式的咨询，心理教师都会做好各种记录，对于典型的或多次的个案，还会撰写详细规范的个案报告，并通过可行的方式进行督导。除了个体辅导之外，我们还会根据学生的特点和需求，开展主题式的团体辅导。

3.开展校本化、特色化的实践活动

（1）心理健康教育活动月

学校自2006年以来已经举办了九届“心理健康教育宣传月”。通过全方位全员参与式地开展形式多样、富有实效的心理健康教育，帮助师生们树立心理健康意识，加强其在适应多变的环境时的抗挫能力和应对能力，在师生中取得了良好的反响，在社会上也引起了较好的声誉。

（2）生涯体验系列活动

为适应社会发展和高考改革的大背景，学校本着“活动即课程，实践即学习，经历即收获”的教育理念，开发并整合了丰富高中生生涯体验的各类社会实践活动，有针对性地对学生开展了生涯教育。高一注重提升学生的生涯规划意识，教育学生“树立远大志向，放飞未来梦想”，开展“寻访身边的校友”“撰写个人三年发展规划”“相约三十年后心愿封存仪式”等活动；高二注重丰富学生的职业生涯体验，教育学生“读万卷书，行万里路”，开展学农、学工等职业体验活动，并在暑假开展“文化游学”（研究性学习）、“见习居委主任”和“进楼宇、看企业”经济考察等社会实践活动，以调查研究、直接或间接体验等方式，深入了解社会；高三注重助力学生的职业生涯决策，围绕高考志愿填报和未来职业选择，开展“红色学旅”“形势考察”和“十八岁成人仪式”等社会实践活动，同时引导学生进一步了解大学和专业，合理填报志愿。

4.推进多渠道、多对象的宣传教育

学校心理健康教育一直注重校园氛围的创设，不断加强宣传力度，采取了升旗仪式、校黑板报宣传、校园网站“心灵花园”栏目、“微型讲座”、组织各班级心理小报和心理主题黑板报评选、发放心理宣传卡片等形式对心理健康教育理念加以宣传，在全校师生中传递和分享积极的心理学理念。

5.建立有效的心理健康教育机制

近年来，为了保证心理健康教育的有序开展，市一中先后建立了学校、家庭、社区心理健康教育网络和协作机制、师生全员参与心理健康教育的工作机制，完善中心工作制度和危机干预制度，构建心理健康教育的成效辐射机制。同时，也努力拓展心理健康教育教师队伍，提升他们的专业化水平，从而构筑起了比较完善的心理健康教育保障体系。

三、彰显生命活力的校园文化活动

校园文化活动，既是学校整个大人文环境建设的载体，又是各班人文环境建设成效检阅展示的平台，更是彰显生命活力、促进学生生命个性发展和生命互动交融的舞台。所以，市一中很早就开始创设丰富多样的校园文化活动，并一直致力于创新推进、完善发展。主题升旗仪式、校园文化节日、主题教育活动、社团节、心理健康教育宣传周、生活周、劳动周、环保周、篮球联赛等校园文化活动琳琅满目、丰富多彩。在此不一一列举，仅介绍其中几个活动，希望能起到“窥一斑以见全豹”的作用。

（一）主题升旗仪式

每周一次的主题升旗仪式是再普通不过的一个学校教育载体与途径，每一个学校都在进行，可能连基本的升旗仪式流程都相同。但该学校对升旗仪式主题进行了精心的系列设计与建构，并发掘各种资源来提升升旗仪式的教育内涵与成效。

如2009年是新中国成立60周年，该校设计建构一学期的升旗仪式主题系列为“新中国‘双百’人物”系列：①指点江山，雄韬伟略——毛泽东；②伟人精神，永世流传——周恩来；③实事求是，朴实奉献——邓小平；④

弃医从文，思想救国——鲁迅；⑤学界先驱，人世楷模——蔡元培；⑥横刀立马，战场豪杰——彭德怀；⑦匡扶社稷，心系国民——孙中山；⑧度量如海，意志如钢——朱德；⑨航天之父，中国国魂——钱学森；⑩天下兴亡，匹夫有责——邓稼先；⑪创青春中华之先驱——李大钊；⑫慈母之心，民主之路——宋庆龄；⑬学界泰斗，淡志忠魂——季羡林。既进行了生动的历史教育、爱国主义教育，也是人格教育、生命意义启迪很好的教材和积极的熏陶。人物系列是榜样引领、生命启迪很好的素材与方式。

（二）校园文化节日

20 世纪 80 年代中期，该中学就开始探索建设校园文化节日活动，推出了四大校园文化节日：4 月绿色春风科技节，倡导创新校园、绿色科技；5 月红色夏雨艺术节，倡导律动校园、艺术人生；10 月金色秋海体育节，倡导活力校园、体育精神；12 月蓝色冬浪文史节，倡导史海钩沉、养育人文。

（三）校园体育赛事和活动

众所周知，体育能强身健体。体育除了有利于人们身体健康外，也有利于心理健康，有利于人生发展，因为体育运动能培养人的许多可贵品质，如拼搏、竞争、合作、顽强、坚毅、执着、执行、自我控制、沟通、协调、创新等。我们认为，体育精神是学校精神的重要组成部分。20 世纪 80 年代，学校的体育教研组曾被评为其所在城市劳动模范集体；20 世纪 90 年代，该中学荣获“全国群众体育工作先进单位”称号。

（四）学生创意慈善音乐会

深受学校重视社会实践、倡导志愿者精神、关爱贫困地区孩子氛围的影响，市一中 IB 国际课程班的学生一直在积极谋划开展到贫困地区支教活动。他们在积极联系支教点的过程中，却听到了贫困地区孩子不同的需求。生活在大城市的孩子可能对能够在学校食堂吃到午餐感到再平常不过了，在大家的印象中食堂应该是一所学校必备的基础设施，甚至有的学生还会抱怨学校食堂的饭菜难吃。许多人却不知道在中国许许多多贫困山区仍有一群孩子每天步行于崎岖的山路上下学，中午如果要吃上一餐热饭，就只能在有限时间里飞奔数公里回家吃饭，不管刮风下雨，这样一餐饭都显得尤为辛苦和不易。当市一中 IB 高二（1）班学生冯婧同学了解到山区孩子最需要的不是几天时间的相处，而是学校能建成一个食堂，每天中午可以吃上一口热饭时，她希望为山区的孩子献上自己的一份力。当她发现班级有很多的同学会乐器时，突然萌生了一个想法：通过举办一场音乐会，利用高中生的音乐才能，让更多的社会人士感受市一中学子的才艺和风采的同时，也可以为山区的孩子进行募捐。

冯婧同学的想法得到了班级同学及高二（9）班同学的积极支持，于是班级会乐器的同学都积极行动起来，精心筹划节目，利用课余时间和双休日辛苦排练，IB 国际课程中心的老师也给予他们积极的支持，个别老师也加盟到节目演出中。

这群“了不起”的师生，通过发挥自己的特长来帮助他人，同时吸引了更多的老师、同学、家长参与到公益行动中，这是他们对于这个社会的温情与敬意，这是高中生的社会担当！

第二节　唤醒学生生命的自觉意识

教育必然存在教育者与受教育者的关系，但教育全过程中，教育者与受教育者的关系并不是简单的教育者是主体、受教育者是客体的关系，两者应该“互为主客体、互为存在的条件”。教育者与受教育者之间的积极互动，是生命教育的前提也是手段。“教育的目的是使人从生存走向存在”，存在的教育使人突破当时当地的局限，进入更为广阔的世界；使人突破狭隘的个体之间分割的墙，进入他人和历史之中，进入“类”的存在之中，并因此达到澄清、丰盈、完满而无限的境界。

教育是生命本质觉醒和显现的过程，教育是个人向“类”、世界和自我不断开放的过程。受教育者的自我觉醒、自主性增强，教育者与受教育者之间互动融合，呈现生命教育的共生性，将有助于极大促进教育者与受教育者生命的共同成长，提升生命的意义与价值。

所以，学校要积极创设条件，使师生在学校的生存方式，由消极被动的适应性生存方式向积极主动、不断自我更新的发展性生存方式转化，从这个意义出发，生命教育的一个重要举措，或者说一个前提性的举措就是唤醒学生的生命自觉意识。

关于学生的生命自觉，华东师范大学教育学部的李政涛教授早在数年前就已经进行过专门的研究和概括，在李政涛教授看来，“生命”兼有自然、社会和精神等多重属性，其共同特征是充满活力的不断生长变化的有机体；“自觉”是人的生命成长和发展的基本取向，它强调人的生命发展主要是内在动力主导和自主推进的结果，而非来自外力的促进，即非“被发展”，“主动自觉发展”也因此成为“人之为人”的基本特征。其中，自觉之“觉”，兼有“觉知”“觉悟”“觉解”之意，指向对自我生命、对他人生命的领悟，以及对个体生命所处外在环境的觉知和觉解。李政涛把生命自觉意识的唤醒视作教育的基本价值取向，从这一论断延伸出去，没有学生生命自觉意识的唤醒，他们就不能充分认识到自己生命的多样性和独特性，不能够充分感知自己生命成长的广阔性和未知性，不能充分调动促进自我生命价值实现的积极性和主动性。基于这样的认识，该学校在生命教育的过程中，非常注重通过学生生命自觉意识的唤醒，并以此为基础促进学生的自主发展，打造生命教育的有效路径。

一、认识自主发展的重要意义

人与其他生命体的不同，不仅在于形体的不同、生理结构的不同，而更在于意识水平的不同。相对于无意识与潜意识而言，人的意识与自我意识，已经成为人的生命存在，体现出它高于其他生命存在的复杂性。通过意识与自我意识，个体不断获得外界的信息、自我的信息。个体通过对这些信息的处理、加工，通过思考、判断、预测，获得了选择、决策、确定理想的可能。一个缺少意识与自我意识的人，是生活在盲目、冲动、不自由之中的人。

任何忽视学生生命主体的教育都不是成功的教育，缺乏生命主动性的教育是很难达到最佳的教育效果的。眼里没有人的教育不是好教育，以人为本，为了每一个学生的终身发展，学校要想方设法调动学生的主观能动性，唤醒生命的自主性，引导促进学生的自主发展。

二、创建自主发展的机制载体

学生生命意识的唤醒和自主发展能力的提升，如果缺少了物质化的载体就会成为无源之水、无本之木。因此，学校教育要积极创设机会，给学生自主发展的舞台，培育学生自主发展意识，激发学生自主性。

学生在学校生活中需要承担学习的责任，需要积极参与学校活动、承担对学校的责任，需要在学校组织机构中承担自己小干部或者成员的责任。在这种多重社会角色的自我认知与外力约束下，学生开始意识到自己的角色，开始意识到自己需要承担的责任，并将这种认识付诸实践。在生命教育的实践中，市一中注重从以下几个方面入手，创建鼓励学生自主发展的机制与载体。

（一）培育自主管理组织

自主管理组织是学生自愿参加、学生自荐或选举形成的组织，是学生自我管理、自我教育和自我锻炼的重要平台，是培育学生自我意识、提高学生自主性、促进学生自主发展的重要载体。

1.团委和学生会

团委、学生会是学校最高一级的学生自主管理组织，分别经过学校学生团员代表大会、学生代表大会选举产生。每年新生入校后，有意向参加团委学生会、愿意为同学们服务的学生可以自愿向团委、学生会报名。团委、学生会组织面试，考察报名同学的服务意识、表达能力、工作能力、协作意识和个人素养等，通过面试选择一批同学成为团委、学生会干事，参与一些团委、学生会工作，在培养中继续考察。每年 11 月召开团代会或学代会，结合考察情况、听取班主任或年级组长意见、团委委员会、学生会委员数配比，确定参加新一届团委委员、学生会委员竞选的正式候选人。然后，每一位候选人制作竞选海报，在校园醒目的地方张贴展示，利用早操时间，每一位候选人向全校同学作竞选演说，最后，在团代会或学代会选举时，每位候选人再次进行 1 分钟的演讲，然后选举投票、唱票，当场确定选举结果，诞生新一届团委或学生会。这个从招募到最后选举的过程，就是学生锻炼和提高自主意识及能力的过程。学校团委、学生会建立后，各高年级也分别建立学生自主管理委员会，成员由本年级的团委委员、学生会委员及干事组成，分别承担本年级的学生自主管理任务，服务于本年级的学生教育教学工作，服务于本年级学生发展，从而使更多的同学得到自我锻炼、自我教育。

2.学生社团

近年来，学生社团的蓬勃发展，成为培养学生自主发展能力的重要平台。学校对学生自发组建社团大力扶持，实行“低门槛注册”，同时加强社团运行过程中的管理与指导。学校团委中设立社团实践部，负责全校社团日常性运作的管理、社团团长的培训、社团展示、社团星级评选以及社团的评价，不合格的社团要注销其资格。通过社团这个学生自愿参加、自主活动的课程形态，通过社团团长这个自主管理职务，通过社团节、社团星级评选等展示平台，给学生提供了又一个自主发展的机会，也有助于学生个性兴趣爱好的发展。

（二）搭建自主发展平台

培育自主管理组织的同时，学校也积极搭建促进学生自主发展的载体，让更多的学生在自主管理、自我教育、自主学习中成长，发展个性、提高能力、磨练意志、培养积极心态和团队意识。“校园文化对学生而言是一个很强的文化刺激情境，学生沉浸其中就会在某些方面形成比较高的成就动机”，“倘若学生没有时间和多彩的历史文化交往，没有时间和身边的同学、朋友交往，那么他就不可能获得由这种交往所生发的心灵体验。没有交往、没有体验，一个人就不可能真正懂得尊重他人和尊重自己”。因此，以校园文化为载体搭建学生自主发展平台，是一条可行性很强的路径。

（三）出台自主发展制度

学长制和免修制都是学校设置的学生荣誉机制，旨在调动学生的自主性，引导学生自主管理、自我教育、自觉实践、自主学习，发挥优秀学生的榜样引领作用，激励学生自主发展。

学长制是高年级的优秀学生指导带领低年级的学生。每年开学伊始，学校就指导要求各个班级在校团委、学生会干部、班干部等优秀学生群体中，推荐一两名善于表达、热心服务、责任心强、自我管理能力强的优秀学生，成为指导低一年级对应班级的学长，高三各班学长对应指导高二各班，高二各班学长对应指导高一各班，而高一各班学长从高一暑假开始就成为新高一各班学生报到军训等活动的学长。学长既要遵循学校要求履职，也可以自己自主自发履职；既要定期履职，也可以根据各班需要履职。学校赋予学长指导学弟学妹们熟悉校园环境、了解学生行为规范要求、明确课程及教学要求、传递学习及活动经验、提醒纠正学弟学妹们不合适的行为、接受邀请参与班级活动等责任。相应地，学校也把学长制作为学生的一种荣誉课程，学长认真履职、做出实绩，得到相应班级师生积极评价和充分肯定的，将记入每位学生的综合素质评价系统，并成为该校的荣誉毕业生。

三、实施自主发展的综合评价

教育是培养人的活动，人理所应当是教育及教育评价关注的核心，可见教育评价应该以尊重人和理解人为基本出发点，并以人作为评价的事实和基础，关注人的成长和发展，维护人的尊严，彰显“人之为人”的价值。从当前中小学学生评价的改革看，评价的发展性功能越来越受到重视和认可，通过学生评价理念与方式的变革可以更好地实现学生自身的成长与发展，成为当下中小学学生评价的基本价值取向。

综合素质评价主要通过两种方法：实录法和绩点法。实录法主要是依托校园一卡通，全面记录学生在校三年发展过程中各种经历的真实信息，它既包括了学生进图书馆、思维广场、实验室等场所的次数与时间，也包括了学生参与或组织微型讲座等自选性课程的情况。同时，依托学校信息化管理平台，通过学生上传和教师手动录入以及阅卷系统等其他系统数据导入，建构包括学生发展规划、学生的成长感悟、学习体会、各种学习实践活动参与情况、各科学习成绩情况、各类获奖情况等在内的数据库，形成电子化的学生成长手册，既比较全面地记录学生成长发展的经历与过程，也为绩点法的评价奠定基础。

为了实现全面评价的可比较性，为了能发挥评价的激励功能，使全面评价成为学生评优和高校自主招生推荐的重要参考，运用绩点法进行评价，把列入综合评价记录的所有的学生成长经历都以比较统一的标准、合适合理的权重换算成绩点，所有的绩点能够累加起来。在强大的智慧校园相关数据库支撑下，学生凭借自己的账号可以随时查看、了解自己的成长轨迹和学业发展状况，激发成长的内驱力；教师也可以凭借账号全面了解每一个学生的成长发展状况，发现其兴趣，分析其发展趋势，扬长补短，有针对性地对学生进行指导，同时也积极进行教学自我反思和改进。

以促进学生发展为本的综合评价注重“人既是发展的第一主角，又是发展的终极目的”，注重学生发展的多样性与复杂性。在这一目的指导下，学生评价从内容到标准、方法都充满了“人性化”的考量。在评价标准方面，关注学生发展的多种可能性，倡导多种价值选择，使学生成为多维度发展的人；在评价内容方面，不仅关注学生的学业成绩，还关注学生道德品质与公民素养、学习能力、学习经历、交流与合作、运动与健康等不同维度的发展情况；在学生评价主体方面，改变教师的单一评价，加大学生个体、团体、家长、社会等的评价，显示出多元化的特点；在学生评价工具与规范方面，注重评价方法的开放性、多元性，强调方法对学生的适切性，以适应学生的发展需要。

第三节　打造和谐美好的师生关系

师生关系是教育的基本关系，和谐美好的师生关系不仅是教育活动发生的前提，也是师生体验生命幸福、促进生命成长的重要载体。然而，当下的中小学师生关系却存在着异化的倾向和危险。从某种程度上说，现代的师生关系是为了满足某种外在的个体或社会的功能性目的而建立起来的社会关系。在这种关系中，教师和学生不是以完整的人的存在方式出现，而是以各自所扮演的“教师”和“学生”的角色面貌出现，教师和学生真实的自我深深地掩藏在这种角色互动的表面之下，彼此之间缺乏一种本源性的真诚和信任，也根本不把对方作为存在意义上的“人”来看待，这样一种状况不仅直接导致了师生关系的紧张，也抑制了师生关系对于生命成长的积极意义与价值。

从生命的立场重构师生关系，最为关键的问题是培育师生的共生性。教师和学生是教育的共同体，两者互为主客体，两者在生命互动的过程中相互共存，相互影响，这是生命的共生性。教师应该在与学生生命互动的过程中，给予学生生命的启迪、积极的影响，使学生生命之花开得更灿烂，因为“教育在本质上就是一种唤醒人的生命意识，启迪人的精神世界，建构人的生活方式，以实现人的价值的生命活动”。

我们所说的“共生”，是向异质者开放的社会结合方式。它不是限于内部和睦的共存共融，而是相互承认不同生活方式的人们自由活动和参与的机会，积极地建立起相互关系的一种社会结合。在教育的世界里，我们更加意识到生命共生性的价值，“共生”是立足在每个生命的独特性、自主性、可能性的基础之上，这是关键的主体前提；“共生”又是建立在教育赖以生存和发展的各种资源基础和条件基础之上。所以，学校要积极培育师生的共生性，提供资源，创设条件。教师要积极实践，提高认识，研究师生共生的艺术，以教育专业的眼光发现生命、呵护生命，以更高的专业水平启迪生命、发展生命，从而引领学生生命之花绽放。

一、师生生命共生的深刻影响

教师是学校教育的关键，教育教学活动是学校的重要活动和育人途径。正是教师在教育教学活动中全情的投入和创造性的工作，对学生产生了包括知识、精神等在内的全面影响，使学生身心健康成长的同时，明确人生的发展方向，明白人生的意义和价值，从而成就一个完整、完善的生命。在生命教育的立场下，师生关系的工具价值应转向其本体价值，学生在教育视野中的复合型发展要求师生关系关注生活世界中的师生存在，师生关系应走向生活，走向生命关怀。特别是作为学生成长领路人的教师，应该通过自身的言传身教，对学生产生积极的影响，帮助他们实现生命成长，体现出和谐师生关系应有的价值与意义。

二、积极探索共生的课堂教学

学科课堂教学是学校教育的主阵地，也是教师与学生生命互动的重要场合。“每个学科对学生的发展价值，除了一个领域的知识以外，从更深的层次看，至少还可以为学生认识、阐述、感受、体悟、改变这个自己生活在其中并与其不断互动着的、丰富多彩的世界（包括自然、社会、人、生活、职业、家庭、自我、他人、群体、实践、交往、反思、学习、探究、创造等）和形成、实现自己的意愿，提供不同的路径和独特的视角，发现的方法和思维的策略，特有的运算符号和逻辑；提供一种唯有在这个学科学习中才可能获得的经历和体验；提升独特的学科美的发现、欣赏和表达能力。”杜威曾指出，如果把学科“看作是使儿童认识社会活动的情况的一种工具”，那么，任何一门学科就具有三种不同的价值——知识的价值、训练的价值和文化修养的价值。从本质上看，“课堂教学是教师和学生共有的人生中的重要生命经历，是他们个体生命的有意义的构成部分。课堂学习的质量直接影响学生当下及今后多方面发展和个体的生命生长。随着‘知识课堂’走向‘生命课堂’，课堂教学需要思考价值转型，由知识本位走向人的综合、主动发展”。

教师以什么样的理念建构课堂，教师在课堂教学中采用怎样的教学方法，会对学生的生命体验和生命发展产生深远的影响。

（一）推进师德建设，教师人格熏陶润物细无声

在课堂教学过程中，师生之间的交往就是一个生命互动的过程，教师的人格魅力会对学生产生深刻而深远的影响。身教重于言教，润物细无声。亲其师，才信其道。教师对学生的理解、尊重和信任，教师言谈举止间所表达出的人生追求和精神状况，都引导着学生的生命认识和生命发展。

一堂好课的精华应集中体现在这堂课的教学价值上，而一堂好课的教学价值又集中体现在这堂课“三维目标”的达成度上。可以这样说，一堂好课的教学价值源于这位教师的师魂，师魂是一堂好课的“水之源”“树之根”。师魂本质上是与一位教师的思想、品行、学识、修养、境界、视野、宽容度、敬畏心相联系的。一个注重师德修养的教师，也一定会打造出彰显教学价值的有效课堂。因此，教师队伍建设要以师德为本，学科生命教育要从师德抓起。首先，教师要有大爱，要始终保持一种豁达、大度、沉着、含蓄的气质；其次，教师要着力提升自己的综合人文素养，包括正确的教育理念，浓厚的专业兴趣，深厚的学识积累，良好的心理素质和丰富的教学实践。正像苏霍姆林斯基所说的那样：“那种热爱自己的事业而又善于思考的教师，才有力量使教室保持肃静，使儿童特别是少年和青年用心地倾听他的每一句话，才有力量激发学生的良心和羞耻心，这种力量才是一种无可争议的威信。”这样的教师才能在课堂教学上努力创造一种自由、和谐、开放的状态，达到真正意义上的尊重生命、关注个性、崇尚智慧、追求人生幸福的教育境界。

（二）提升教育专业水平，师生互动感悟人生有升华

课堂教学中落实生命教育，教师既要善于挖掘与生命教育相关的要素，更要善于让这些相关的要素自然地走进学生的心灵，给学生以生命的感悟和情感的提升，构建生命化的课堂教学，师生在课堂教学过程中共同成长。正如叶澜教授所言：“课堂教学应被看作是师生人生中一段生命经历，是他们

生命的、有意义的构成部分。对于学生而言，课堂教学是其学校生活的最基本构成，它的质量，直接影响学生当下及以后的多方面发展和成长；对于教师而言，课堂教学是其职业生活的最基本的构成，它的质量直接影响教师对职业的感受、态度和专业水平的发展及生命价值的体现。总之，课堂教学对于参与者具有个体生命价值。”

生命化的课堂教学，首先，要尊重学生。课堂教学过程中，教师要充分发挥学生的主体性和自主性，激发学生生命的自我意识，“学生不再是教师加工的对象，学习也不再是被动地接受，而是生活、生长，不是等待观望，而是主动地参与”。叶澜教授也指出：“当指向内部世界的认识与运算，直接关注个体自身发展的问题时，即个体对自身的发展作出主动的思考、批判，选择目标、策划过程和准备付诸实施的时候，人就具有了主动把握自己人生和命运的个体发展意识和能力，这是人所具有的最重要的可能，是人不同于任何生命体的最重要的‘自我产生和自我再生’的能力，也是作为个体的人实现生命价值、获取幸福人生的内在保证。”

其次，教师要在先进教育理念引领下，确立正确的教学目标，积极探索着眼学生发展的教学方法。“在当代中国语境下，学校教育需要将知识、理性中心目标转换为对个体生命的尊重与养育。这种转换，不是意味着丢弃知识、理性、考试，而是意味着将它们置放于个体生命成长的视野内，使它们体现出生命的价值。而且，个体内在生命活力的激发，只会更加促进其知识的获得与运用、理性力量的成长。”

三、努力构建温馨的班级集体

班级集体是学生在学校里待的时间最长、关系最密切的一个成长环境。班级集体的氛围、班级集体的品质、学生对这个集体的归属感、荣誉感会对学生产生深远的影响。很多年以后，校友回母校找的是自己的教室、自己的同班同学，回忆的是自己班级师生共同学习、生活、活动的情景。所以，班级集体的建设、班主任专业水平的提升，是构建和谐师生关系的关键切入点。

（一）人人共建温馨教室的软环境

基于班级集体对每一个学生成长的重要影响，学校非常重视班级集体建设，以“温馨教室”创建为抓手，推进班集体建设。一方面，学校对“温馨教室”建设有明确的要求；另一方面，更重要的是发动班集体的相关者——班主任、学生、家长、任课教师甚至社会人士，大家参与，付诸行动，共同建设温馨教室，尤其是建设温馨教室中的软环境——充满关爱、尊重包容、理解信任的人际关系以及积极向上、求实进取的班级氛围。

（二）切实抓好班主任队伍建设

班主任，对一个班集体建设有着举足轻重的作用。新组建班集体时，很多班级都会把自己的班集体比喻为一艘航行在知识和人生海洋中的大船，正意气风发地扬帆远航，其中班主任是那掌舵人——船长，然后全班同学都在大船上有自己的角色定位，大家齐心协力，迎风破浪，直挂云帆济沧海。班集体这艘大船将驶向何方，途中会不会遇到风浪，遇到风浪时如何处理解决，能不能顺利到达彼岸，其中班主任起重要作用。班主任的人格魅力，班主任的带班理念、带班责任心、带班方法与能力，都会影响班集体的建设过程和成效。

第四节　挖掘学科知识的生命元素

各个学科中并不缺少生命教育的内容,但这些内容能否得到有效的整合,能否在生命教育的过程中发挥积极的作用，关键是要不断增强教师的生命教育资源整合，使得教师善于去发现学科中与学生生活及生命感悟密切相关的东西，而不是单纯地抱着应试教育的思想，考什么教什么。缺乏发现、感受与体悟，缺乏生命的情感，学科知识就变得单调机械而没有生命。叶澜教授将教学内容视为“精神营养”“滋养学生发展的营养品”。发掘学科知识中的生命教育元素，首先，教师要深入学习、分析教材，理清教材逻辑顺序，做一个有思想的教育者；其次，教师要有深厚的积淀，大量、丰厚的积累才能使我们的教学纵横捭阖、游刃有余，有机融入生命教育；最后，教师要善于发掘和剖析学生的思想困惑点，击中要害，提升学科教学实施生命教育的针对性和有效性。

从该学校的实际看，学校借助生命教育课题研究的契机，组织各个学科教研组进行学科生命教育内容的发掘与梳理，既充分发挥显性学科的生命教育价值，也注重挖掘隐性学科的生命教育资源，共同形成生命教育的学科支撑群。下面简要呈现一些学科梳理出来的生命教育内容及落实情况。

一、显性学科中的生命教育

（一）思想政治学科

现代中学思想政治课的教学目标的制定，是以学生个体的发展以及公民思想品德与健全人格的构成为依据。政治学科的教学绝不仅仅停留在经济常识、政治常识和哲学常识的教学过程中，更需要注重每一课教学内容中对学生情感态度和价值观的引导，注重学生对生命价值的认同。该中学政治教研组根据《中小学生命教育指导纲要》精神，建立了三个层面对学生的生命教育的目标：生理层面——关注人身安全，教育学生学会自我保护，珍惜生命。具体包括学会用法律和其他合适的方法保护自己等；心理层面——让学生学会悦纳自己，积极乐观地看待事物，愉快地生活。具体包括学会应对挫折的方法和技能，学习应对精神创伤和危机干预技能，理解生与死的意义，培养积极的生命态度，树立正确的生命观和人生观，学会在日常生活中丰富充实自己，学习规划自己美好的人生等；社会层面——生命不仅仅属于个人，也是社会的。具体包括学会尊重、理解和关爱他人，能够妥善处理人际交往中的冲突和矛盾，建立良好的人际关系。关心人类生态危机，理解生态伦理，参与景观保护，关心和积极参与社会活动，拓展自己的精神世界等。

（二）体育健身

体育课程本身的性质决定了体育在生命安全教育方面有着明显的学科优势。通过体育课的学习，学生不仅能掌握有关的生命安全常识，更能提高应对生命安全威胁的保护技能，体现体育与健身课程在生命安全教育中的实践性。首先，体育课程本身就有安全教育功能。体育与健身课程在学生的运动损伤预防、营养卫生安全以及安全参与活动的常识方面都有明确的目标，教师通过选择不同的教学内容可以达到一般的安全教育目标；其次，体育课程在生命安全教育方面有着较为显著的实践性。例如，在障碍跑教学单元中，教师可以结合火灾或地震等相关知识，设计符合相关情景的障碍，组织学生进行爬行、跨越、钻过、躲闪等练习，并同时引导学生学习相关常识，达成知识、技能、情感等多个方面的教学目标。

二、隐性学科中的生命教育

（一）语文学科

语文学科对于个体生命而言，至少具有以下两方面的价值。一方面，语文教学可以通过对语言的品味，进入他人的心理世界和生活世界，体验他人。另一方面，我们可以通过语文教学获得生命的自我表达。表达的需要是人的一种天然的需要，语文学科在实施生命教育方面有着得天独厚的有利条件，语文教学中的那一篇篇文质兼美的文章无疑是实现生命教育的最佳载体，语文教师可以充分利用和开发现有教材，通过作品中的典型人物和典型事件，联系现实生活，让学生审视自我、学会调适，感悟自我与他人、人与社会、人与自然和谐相处的重要性，陶冶学生的心灵。在引导学生欣赏经典作品、体味作者生命情感、走进他们生命世界的同时，还可以引领学生多层次地认识生命的本质，探求生命的意义，建构生命的信仰，实现生命的和谐，最终实现生命质量的全面提升。

（二）英语学科

外语学科蕴涵着使学生获得生活中的交际能力、使学生体验不同的文化氛围、实现文化交流的内在可能。左焕琪教授特别指出：外语教学除了激发学生学习外语的兴趣，帮助他们树立学好外语的信心，养成良好的学习习惯，并与学生一起探讨有效的学习策略之外，更重要的是，外语课也与其他课程一样，应该对学生进行素质教育，在培养创新精神、自主学习能力与实践能力的同时，结合外语的特点，使学生认识中外文化的差异，逐步增强世界意识和形成健全的品格。英语教学既是学生通过英语学习和实践活动，逐步掌握英语知识和技能，提高语言实际运用能力的过程，又是他们磨砺意志、陶冶情操、拓展视野、丰富生活经历、开发思维能力、培养合作精神、发展个性和提高人文素养的过程。法国作家蒙田说过：“灵魂不是一只注满的瓶子，而是一个要生火的灶。”英语学科进行生命教育，就是要从学生生活的实际出发，努力点燃学生生命的激情，唤起朝气蓬勃的生命意识，培养学生的人生态度，塑造健全的人格，培育学生的灵魂，让每一个生命都燃烧起来，释放生命的活力。学生的认知情感发展、观点态度建构、审美倾向与价值观念的形成，是英语教学工作的基本出发点和着眼点。

英语学科教材中蕴涵着丰富的人文因素以及涉及安全、生命等题材的课文教学内容，例如，有学校生活、家庭生活、社会生活；有森林、海洋、陆地、台风；有节约用水、预防火灾、爱护环境；有中国的端午节、外国的圣诞节；有东方的传统习俗、西方的风土人情等。所有这一切，无一不是在对学生进行热爱生活、关注安全、珍惜生命等意识教育。因此在英语教学中要立足课堂，把握教材，挖掘其中的人文精神和生命火花，使学生在对教材内容的咀嚼、体验中，感受到人生智慧，从而潜移默化地形成健康的人格。

英语教材图文并茂，几乎每一章节都有与该章节的主题密切相关的漫画，每一篇阅读课文均配有与该材料有密切联系的插图。教师可以通过要求学生对图片的描述，激活学生的认知图式，并使其产生阅读课文以了解信息的愿望，为教学设计时引导其自发领悟到生命意识铺平道路。

此外，英语教材中不乏许多文质兼美的佳作，有些充满着生命激情，荡漾着生命意识。“文章不是无情物”，字字句句吐衷肠。这些经典作品，通过细细品读，你会油然体会到其中蕴含着作者丰富的思想和情致——那闲适、充满乐趣的田园生活，那富于哲理的侦探小说，那充满想象的寓言故事。在英语教学中，教师要借助文本传递的情感，唤醒学生披文入情，使文本传达的情感和学生独特情感融合起来，促进学生思想认识的提升，以此培养学生的人文精神和生命意识。

英语教学十分强调对学生实践能力的培养，同时更强调让学生通过完成任务习得语言知识和技能。教材中让学生动手做的题材比比皆是。学生通过活动，完成了一系列有明确目的、趣味性、真实性的任务。在完成任务中，使学生有较多的人际交往，有较多的机会思考、决策、应变、合作，有利于培养学生的性格和情感，感受丰富多彩的生活，从而使他们热爱大自然，热爱生活，珍惜生命。

第五节　构建生命教育的课程体系

课程是实施教育的载体。有什么样的教育观，就会有什么样的课程观。我国的教育一向强调依据社会要求塑造人，人因此成为社会的工具，而非人之自身。社会要求成为教育的风向标，尤其在一个功利主义盛行的社会，教育越来越偏离生命本身，演变为功利主义教育，在当今中国则表现为应试教育，这种应试教育的背后隐含的是一种知识型的课程观。从某种程度上说，正是因为这种课程观的存在，才导致了现实的教育活动中对生命的漠视。把课程仅仅定位于知识形态，把知识仅仅理解为科学知识，意识不到课程以促进学生的生命发展为核心，无视课程的生命性、主体性、生成性，是传统知识课程观的根本缺陷。在一个倡导关注生命的教育新时代，知识课程的变革势在必行。变革知识课程，就是要以生命为课程设计的原点，用动态生成的观念重新全面认识课程，形成生命形态的课程观，使课程的重心由外转向内，从注重课程的外在规范转向学生的经验，实现从教师到学生、从教程到学程的转换。

课程既是教书育人的重要载体，也是学校价值追求的生动体现，更是学生生命成长的重要依据和平台。学校生命教育的实施与落实主要依托课程，从课程的领域构建生命教育的有效路径，是市一中的特色与优势。在生命教育的过程中，市一中一直非常重视课程建设，不断探索构建丰富的课程，满足学生发展的需要，丰富学生的生命体验，最终指向全面而富有个性的发展，为每一个学生的终身发展奠定基础。

一、学校早期丰富的学生课外活动

德国著名教育家斯普朗格认为：“教育不仅使学生单纯获得‘死’知识，而且要使人通过文化价值的摄取，获得人生的体验，进而陶冶自己的人格和灵魂，达到灵与肉全面唤醒的高度，成为多维的人，全面发展的人。”在这个理论指引下，市一中从建校之初就形成了“全面发展”的教育观——市一中培养出来的毕业生，不只是功课好，而要德、智、体全面发展。

每个学生兴趣不同，爱好各异，家庭的条件亦有差别，通过课外活动，发展他们的爱好和兴趣，补充课内教学之不足，使他们感到生活格外丰富。中学毕业之后，就能走上爱好之路，大学毕业之后就能成为专材。而且，课外活动既能丰富生活，又对各科学习都有帮助。课外活动本身内容与学科相关，而且同学亲身体验，新学的东西印象深刻，对学科学习会发生感情，增强兴趣。因此，课外活动搞得好的学生学习质量也比较高；相反，一个学生专门死啃书本，不参加课外活动，学习成绩也不会太高。

智育固然重要，但是对德育和体育不能轻视。从某种意义上说，在当前德育和体育更不容忽视。

二、学校一期二期课改的课程探索

（一）课程结构变化，课程内容丰富

为了实现“扩大学生的知识容量，使学生获得发展个性、强化能力训练的条件，又要减轻学生负担过重，提高教育效率”的课改目的，这次课程改革市一中确定了“精简基础课，增设技能课，集中德育课”的课程结构改革原则。基础课的精简，是对繁复的过时的内容删繁就简，同时引入新内容新信息，保证总课时的减少。增设的课程是提高思想情操的德育课、美育课，培养能力为主的能力训练课，培养劳动技能的劳动技术教育课。

（二）第二课堂发展，兴趣小组活跃

把第二课堂与第一课堂并重，第二课堂是发展学生个性、培养创造性人才不可缺少的教学渠道。第二课堂在这次课程改革中得到了进一步发展、提升，扩大范围，丰富内容，在全校形成了一个多层次、多渠道的网络系统。该系统不仅有校级的学科类、文艺类、科技类、体育类活动小组，还有年级为单位、班级为单位的活动小组；既有学校内部组织的活动小组，还有许多

学生参加市、区组织的各种小组活动。

（三）强化体育锻炼，增强学生体质

“体育是基础，学生如果没有健全的体魄，在当前不能顺利完成学习任务，将来也不能为祖国现代化建设长期工作。”“体育要着眼于提高学生身体素质，不单独追求通过体育锻炼达到标准，要使学生具有一个健康无病、视力良好、精力充沛，能适应各种艰苦环境和坚持长期学习的体质。要使体育工作成为锻炼学生意志品格的手段，保证学生能有充沛的精力去从事艰苦的学习。”

三、学校新时代背景下的课程创新

2012 年，市一中站在了发展的新起点上。新的学校管理团队传承“好学力行”优秀文化传统，勇敢担当起时代发展赋予教育的使命和老百姓对优质教育的热切期盼赋予教育的责任，在“从优秀走向卓越”的学校发展新目标的引领下，为了促进学生全面而富有个性的发展，积极展开课改新探索。在多元智能理论、优势发展理论、个性化教育理论等理论指引下，推进学校课程教学改革，推出了一系列课改新举措，开设了一系列新课程，主要突出课程的选择性。

（一）推出微型讲座课程

为了给学生打开一扇了解知识海洋、了解社会各个领域和各行各业的窗口，并从中发现自己的兴趣，明确自己可能深入研究的方向，促进学生自我发展，2012 年开始学校推出了微型讲座课程。“微型”既指时间上的“微”，可以长至 1 个多小时，也可以短至 20 分钟、半小时；又指主讲人上的“微”，可以请各行各业专家学者甚至院士讲，也可以请社会各领域各行业项目负责人、本校教师、校友、家长甚至学生讲；也指讲座内容上的“微”，可以是最新前沿研究，也可以是在某一方面有专门思考、深入研究、确有心得，能给予学生信息和启迪。每一场微型讲座通过电子大屏幕、校园网提前向学生公布课题、主讲人简介、内容简介，学生可以通过校园网账号预约平台进行选择预约，听讲座情况及反馈纳入学生综合评价体系。

（二）拓展各种实践课程

实践是育人的重要载体，也是育人的有效方式。“生命需要获得积极的体验。这种生命体验不仅仅是情感，也不仅仅是面对某种对象的感觉，或是自身身体变化的感觉，而是经历过生命的磨难、奋争，在付出过自身的努力和主动争取后的一种体验，是生活化的、在生活中完全可能获得的‘生命体验’。它肯定着世人的生活，鼓励着他不断超越，不断创造新的生活，不断感受生命的意义。”学校认为，传统课堂中的教学，给予学生更多的是间接经验。当代教育，特别是在中国家庭普遍都是独生子女的背景下，学生的社会交往与实践明显缺乏，学校应该创造更多机会和平台，为学生提供习得直接经验，并培养基于直接经验的能力和素养的可能，进而更好地提供学生全面而富有个性的发展。所以，学校积极拓展各种实践课程，建构丰富学生直接经验的实践体系，进一步开发实践课程，给学生提供更多可选择的实践的时空和内容，丰富学生的学习经历。

（三）强化艺术体育课程

学校认为，体育和艺术课程既是强身健体、陶冶情操，为学生幸福人生奠定基础的重要课程，同时，具有更深层次的育人功能。艺术是创新创造灵感的源泉，很多科学家都具有相当高的艺术修养。而体育更是磨练人的意志，培养拼搏精神、团队协作能力的途径和载体，体育精神应该是市一中“好学力行”学校文化的重要组成。

课程建设与改革，是学校改革与发展过程中的重要工作，也是学校的核心工作，应该说，从目前的情况看，各校都普遍重视课程改革，但是，却很少有学校能够从生命教育的视角审视学校的课程建设问题。生命教育对于课程建设有着独特的要求，因为生命存在于生活中，所以课程必须是生活课程；因为生命是完整的，所以课程也必须是完整的课程；因为生命是自主的、活动的、涌现的，所以课程也必须是经验的课程、过程的课程；因为生命是独特的，所以课程也必须是个性化的课程。一句话，生命课程是人的课程，是活生生的课程。课程只有以生命为核心，教育只有以生命课程为载体，才能使教育真正回归生命，成为人的教育。

第六节　推进共育生命的家校合作

家庭与学校是孩子成长最重要的两个世界。家长与教师是孩子成长最关键的人。尤其是对于中小学阶段的学生而言，家庭、学校直接决定着孩子的生活品质，影响着孩子的生命内涵。促进学生成长的立场，是最朴素的人类情感的表达，是相关政策与理论建构的基础，更是促进我们反思、推动我们实践的唤醒之力与创造之力，从生命的视角审视当下的学校教育，应该对家校合作问题心存敬畏，应该充分认识到家校合作对于共育学生生命的积极作用。同时，应该着眼于生命教育资源的开发，拓展家校合作的深度与广度，让更多的社会资源进入生命教育的境域之中，促进家校一体，实现生命成长。

一、家庭教育共促生命的成长

重视家庭教育指导是教育促进学生生命健康发展不可忽视的重要工作。2004 年颁布的《中共中央国务院关于进一步加强和改进未成年人思想道德建设的若干意见》中明确指出，家庭教育在未成年人思想道德建设中具有特殊作用，要把家庭教育与社会教育、学校教育紧密结合起来，各级妇联组织、教育行政部门和中小学校要切实担负起指导和推进家庭教育的责任。2015 年出台的《教育部关于加强家庭教育工作的指导意见》中也明确提出，要充分发挥学校在家庭教育中的重要作用，强化学校家庭教育工作指导。

二、稳定有序的家庭教育指导组织与运行

市一中早在 20 世纪 80 年代末 90 年代初就高度重视家庭教育指导工作，明确了家庭教育指导工作落实的具体责任部门。随着家庭教育指导工作的不断探索推进，学校形成了此项工作的明确组织运行机制，无论具体工作人员

怎么变换，家庭教育指导工作都能有序运转。

三、丰富有效的家庭教育指导载体与方式

经过多年的实践探索，市一中逐步建构起多种家庭教育指导的载体与方式，并不断研究提高家庭教育指导的实效性。

（一）高一年级每月一次的家长学校

家长学校是家庭教育指导的重要载体与途径。市一中从建立家长学校后，逐步做到“六定”。“定时”——每个月比较稳定的一个时间进行家长学校课程，比如规定好每周一个固定的时间，没有非常特殊的情况这个时间雷打不动，为的是让家长能够提前安排好自己的工作，保证参加家长学校活动；“定点”——每次家长学校的地点没有特殊要求就固定不变，以免家长找地方浪费时间；“定对象”——要求参加家长学校的家长相对稳定，最好是对孩子成长比较关注、影响较大的那个家长保证连续参加，以便家长对精心设计的家长学校课程有一个连贯性的参加和感受；“定内容”——每一学期的家长学校课程内容安排从开学初就向家长明确，不随意变化；“定师资”——学校整合各种资源物色好家长学校师资，每一学期随着家长学校课程主题的确定师资也明确并相对稳定；“定反馈”——每一学期家长学校课程结束，学校都会收取家长的意见反馈，以利于下一学期和下一轮家长学校课程设计和运行的不断完善。

（二）校级、年级、班级三级家委会

家委会是密切家校联系沟通的又一个重要举措和桥梁。

每个班级家委会由家长自荐、互荐和班主任推荐的三位家长组成，主要商量、支持、帮助班级开展各种重要班务和活动，收集、反映、沟通班级家长对班级或年级或学校工作的建议，目的是和班主任及任课教师形成育人的合力。

每个班级家委会推荐一名家长成为年级家委会成员。每个年级家委会在

年级组长主持下建立，推荐产生一位热心家长作为召集人，可以根据年级组的工作实际和需求定期不定期召开年级家委会，沟通、共商年级重要工作，也可以通过家长召集人收集和反馈家长的意见和建议。

每班一个家长代表、三个年级家长代表共同组成了校级家委会，由学校发展处直接负责联络沟通。每学期开学初和学期结束定期召开家委会，沟通反馈学校这一学期的重要工作和学生活动安排，听取家委会对学校工作和学生教育的意见建议，积极整合家长资源。

（三）班主任和任课教师联系家长

学生是有差异的，每个学生都不同。同样，每个家庭也是有差异的，家庭条件、家长受教育程度、家长家庭教育能力各不相同。所以，家庭教育指导的需求也各不相同。俗话说：“一把钥匙开一把锁。”这句话放在学生教育指导上适用，其实放在对家长的家庭教育指导上也适用。和学生个性化教育一样，对家庭教育指导也需要个性化，要形成班主任和任课教师主动联系家长的制度。

（四）邀请家长参加学校重大活动

俗话说：“百闻不如一见。”向家长介绍学校的工作或活动、向家长汇报学生的成长和收获，不如请家长来现场观摩与感受，让家长对学校教育理念和做法有更深的了解与理解，尤其是亲眼见到自己孩子的表现，会产生更多的自豪与动力。所以，长期以来，市一中每逢学生重大活动，除了请个别家长代表发言或交流外，都积极邀请更多的家长来校参加与观摩，如高一新生军训汇报、学校艺术节闭幕式、学校秋季运动会、高三毕业典礼等，让个性差异的学生都有展示的舞台，让大多数的家长都有机会在学校各种不同的学生活动舞台上看到自己孩子的身影，哪怕有的只是在台下幕后担任活动的志愿者，只要参与，就是经历，就是收获与成长。每一次家长参与活动，都非常激动，有的家长甚至还当起了志愿者，帮孩子班级做一些事务性的杂活，在同学中产生了积极的影响，对亲子关系也起了无声的影响。

（五）学生、家长亲子沟通面对面活动

小手牵大手，在教育的很多方面都适用，而且经常会有奇效。市一中在家庭教育指导中，也很注重发挥“小手牵大手”的作用，这小手可能是自家的，也可能是别家的。每年高一家长学校课程中，我们都会安排一次“亲子沟通面对面活动”，由各班学生自主策划和组织，通过各种游戏活动分享亲子沟通的故事、亲子间的默契、相互的感受，特别是从孩子的视角说出对父母教育的感受、对父母内心想法的体会与理解，使家长们更进一步地了解孩子的想法，也从他人的亲子故事中得到家庭教育的启发。每一次，各班家长都愉快地服从学生的安排与调动，积极参与其中，场面真的让人很感动，这是一种生命间的心灵互动，是一种生命的共同成长。

四、以指导学生来促进家庭亲子沟通

美国心理学家鲍姆林德认为亲子交往是一个互动的过程，在父母行为影响青少年发展的同时，青少年也以自己的特点影响着父母的行为。很多人认为家庭关系的主导者是家长，但在实际生活中，也有很多家长感到很无奈，觉得不管怎么做，孩子都无法接受，主动权在孩子手里，孩子愿意沟通，问题就好解决，孩子不愿意沟通，问题就难以解决，家长反而处于被动的位置。良好的亲子沟通，与亲子双方都有关系；解决亲子冲突，亲子双方都需要做出调整和努力。所以，在学校家庭教育指导中，学生和家长都是指导的对象。我们通过校本心理课程积极加强对学生的指导，主要采用了以下几种方法。

（一）建立团队，发挥同伴的作用

同伴关系在青少年发展中具有独特作用，能促进青少年的心理发展。在青少年时期，学生更信任同伴，他们会向同伴抒发自己的情感，交流自己的想法；他们也迫切需要得到同伴的认可、支持与帮助；另外，他们还更容易向同伴学习，更愿意接纳同伴的意见，同伴的反馈更容易影响到青少年对自己行为和思想的感知、理解和判断。

由于大多数学生的亲子关系和睦，可以很好地解决亲子冲突，所以，在对学生的辅导课程中，首先让同学组建团队，形成团队凝聚力，然后在之后的课程培训中多给予团队成员之间分享和交流的机会，充分发挥同伴相互影响的积极作用。

（二）开展角色扮演，给学生感受和学习的机会

角色扮演目前在辅导领域是一种治疗方法，常被视为有效的团体辅导技术，它以一定的剧本为依据，选出各个角色的扮演者进行角色扮演，学生可轮流担任不同的角色。在对学生的辅导课程中，老师有针对性地选择和设计剧本，以容易引发亲子冲突的学习和生活事件为主，同时，在角色安排中，以母亲为主，因为学生的亲子冲突的主要发起人是母亲，而且有一部分学生对与母亲的冲突解决结果很不满意。表演结束后，老师和学生一起分别从“父母”和“子女”的角度进行讨论。借助这种手段，使同学在角色扮演中换位思考，学会理解父母。

（三）设计主题活动，引导学生体验和感悟

学生自身的体验和感悟是很重要的，有效的教育不是教师单方面的灌输，而是学生自己在活动中体验和感悟。爱是亲子冲突良性解决的基础，学生对父母的爱的感受和领悟是很重要的。很多家长会觉得自己出于对孩子的爱，做了许多的努力，但孩子完全无法体会，有时甚至不屑一顾。难道真的是现在的孩子都太冷漠、太无情吗？为了引发学生对这个问题的思考，教师在课程中安排了“美好回忆”主题活动，请学生回忆自己的成长过程，记录父母曾经做过的、自己感受到父母之爱的五件事；自己曾出于对父母的爱，为父母做过的五件事。然后让同学们在小组中互相分享。在同学们写和分享的过程中，引导学生去感受父母之爱和孩子之爱的区别，去体会父母不同的表达爱的方式。

（四）借助案例分析，使学生学会思考和判断

让学生以旁观者的身份，去分析他人的事例，可以使学生客观、全面地看问题，在案例讨论中完善自己的想法。为了兼顾学生的兴趣，提高学生的积极性，研究培训中大多采用影视材料作为案例，比如使用了《成长的烦恼》中迈克要玩惊险飞车，父母不同意的片断；《超人总动员》中家庭成员之间互相争吵的片断等,然后让学生从案例中父母和孩子双方去考虑他们的想法，去分析他们的行为背后的原因和可能引发的结果，从中让学生思考和判断，如何看待和处理亲子之间的矛盾冲突。

第四章　实现学校生命教育的价值超越

当我们将个体生命的发展看作一个过程的时候，就不难发现，生命的本质就是不断超越。“超越”在最一般的意义上是指渐进过程中的“中断”，即事物由旧的形态“飞跃”到新的形态。真正意义的“超越”需要有一个必不可少的前提——“发展”。追求发展与超越，是人之为人的重要特征，“人是不会满足于生命支配的本能的生活的，总要利用这种自然的生命去创造生活的价值和意义”，“实现对意义的追寻，是人的生存方式，人也在追寻意义中实现精神生命的自我超越”，可见，超越性是人的生命存在与活动的根本属性和内在本质。正是因为人的超越性，人不会仅仅停留于现实世界的满足和追求，而是在不停地寻求着对于自我的超越，追求自身有限性的不断突破，追求自身生命价值的不断升华，从而使人的生命活动在不断超越中被赋予永恒的价值和无限的意义。

第一节　认识生命的潜能

人之为人、人之高于动物的地方就在于人不仅追求活着，而且还追求有意义地活着。正是意义决定了人的存在、生活、发展的方向，体现了生命的价值和人的尊严。人生价值的实现，生命教育意蕴的彰显，生命超越的达成，需要以学生生命潜能的认知为基础。

一、身残志坚，展现生命的巨大潜能

潜能，是指潜在的素质、能力和天赋。可以说，每一个学生都有潜能，哪怕是命运多舛，甚至肢体不健全的学生也隐藏着巨大的生命潜能，只要用真诚的关爱滋润、用科学的方法培育，耐心、坚持、激励、磨砺，即使肢体不健全的生命，同样也会焕发出无限的潜能。

要使身体残缺的学生坚强健康地成长成才，首先是其父母对生命的珍爱、对生命的理解，用父母的坚强感染、指导孩子的坚强，既教给了孩子生活的技能，又教给孩子一个健康的心态、顽强的意志、面对困难的勇气，给不完整的自然生命赋予完整的精神生命，给自然生命最有力的支持和支撑。学校给予有差异的生命最充分的尊重，教会学生认识生命、珍惜生命的同时，赋予生命积极的意义，鼓励学生发现生命的价值，培养学生承担责任的意识和能力，发展生命、升华生命。

二、勇敢尝试，突破生命的诸多局限

生命具有局限性，但生命的很多局限从另一个角度看又可以是生命的潜能。关键在于生命敢不敢去突破、能不能去突破。勇敢去尝试了、去突破了，可能局限就变成了可能，潜能就被激发了，生命也就发展了。

我们要通过生命教育实现学生的生命价值超越，一个最为根本的途径就是激发学生的自省意识和自觉行为，让他们愿意在人生发展的大舞台上努力展现自己。他们应该勇于尝试，不怕失败，在一次次的尝试中展现生命的价值，而我们的教育需要做的，就是鼓励和欣赏学生的这种精神和态度。

第二节　发展生命的潜能

教育的改革与发展，始终离不开对人的关注。当前学校教育改革的一个重要思路和方向就是“改变师生在校的生存方式，开发学生和教师的生命潜能，使他们的人生积极而幸福，对社会有贡献”。基于这样的认识，真正优质的学校教育，其实就是在不断激发生命潜能中促进学生发展。而在市一中生命教育的体系下，一个个鲜活的生命在市一中张开理想的翅膀，展翅翱翔，生命的潜能在师生的共同作用下不断得以彰显和发展。

一、爱的呵护激发全面发展

人总是作为一个活生生的生命个体存在于世界上，人的生命的积极活动构成人的生活，人的生活即人的生命求得意义的活动。生命情感即个体对自我生命的认知、肯定、接纳、珍爱，对生命意义的自觉、欣悦、沉浸，以及对他者生命乃至整个生命世界的同情、关怀与钟爱。积极的生命情感引人振奋、乐观、昂扬向上、富于爱心，成为人生的动力和光明之源。幸福的人生离不开美满丰盈的生命情感，消极的生命情感则意味着对生命的否定，对生命意义的无望，对他人生命的漠视，以及由此而生的生命状态的沉沦。因此，生命教育还有一个重要的价值，那就是激发学生的积极情感。从教育活动的属性看，老师对学生关爱是教育活动发生的前提，也是学生形成积极情感、实现生命成长的基础性条件，给予学生爱的呵护，助力学生全面发展，是市一中生命教育中的重要内容与方式。下面我们举一个例子。

金清（化名），是市一中已毕业的校友，在市一中学习生活了7年。她的父母在外地工作，她一个人在城市独立居住，父母双休日回来看望她，亲戚平时给予一定的帮助。从初中进入到市一中的大家庭里，她就沐浴在老师的关爱、同学的友爱中，老师经常嘘寒问暖，同学经常到她家里和她一起学习、做功课。她勤奋好学、身体力行，谦虚肯钻研，学业优异。在学校，她好学力行，勤学好问，学习成绩优异，参加物理、数学、生物、化学、英语等各个学科竞赛，并获得市级以上优异的成绩，物理、数学都曾获得全国一等奖。学业出类拔萃的她，一点都不骄傲自满，相反非常谦虚朴实。她感恩老师对她的培养，担任英语课代表，积极担当小老师，帮助老师、帮助同学。即使当时已被保送重点大学，她仍然坚持上英语课，帮助英语老师收发材料并辅导同学，她的英语笔记整理得非常清晰到位，成为同学们复习的重要资料。她感恩同学的陪伴和真挚的友情，她也给予同学们关爱和学习上的帮助。她已经被保送，但她为了帮助一个非常要好的初中同班同学（她们高中不在一个班），那位同学学习上有些困难，她坚持每天上学听课、记好笔记，让那位同学住到她家，每天指导帮助那位同学，结果那位同学进步很快，最终考上了一本大学。

二、社会实践激发职业取向

学生的生命成长以及人生价值的实现，不是在虚拟世界中完成的，学生必须在真实的社会环境中体验生命的真谛、感受生命的律动才能更好地形成对人生追求的认识，实现个人成长。为了促进学生了解社会、服务社会，培养学生的社会责任感，市一中推出了“高中生见习居委会主任”社会实践活动。刚开始，主要是组织学生入党积极分子参加，在学校所在的街道所属的居委会展开，得到了很好的反响和肯定。从 1996 年开始，在当地区政府的积极协调下，在全区五个街道所有居委会的大力支持下，市一中“高中生见习居委会主任”社会实践活动推广到高二年级全体学生。学生三五成群，寒暑假到所安排的居委会报到，跟从居委会指导老师积极开展见习工作，了解居委会这个最基层的管理组织如何运转，感受居委会主任这个最小一级的社会管理者的忙碌与奉献，可谓是吃喝拉撒样样管。安全提醒、邻里纠纷调解、小区垃圾箱卫生、慰问军烈属、关心孤寡老人……事无巨细。学生们感慨良多，激发了自己的潜能，甚至还成就了未来职业的选择。这种以实践为导向的教育方式，让生命教育更加贴近学生的现实生活，有了实践载体，也在很大程度上提升了生命教育的针对性和实效性。

三、理解包容激发个性发展

尊重学生的个性，倡导个性化的教学和管理，是现代教育改革与发展的重要指向。教育学中的个性，是指个体在先天基础上，通过与后天环境（主要为教育）的相互作用而形成的有利于自身解放，由多种素质融合而成的独特整体。每一个学生都有自己的个性特点，都有自己的爱好倾向，只是有些人明显些，有些人隐蔽些，有些人的个性特长是一种潜能，是需要被挖掘的。学校教育需要营造一种理解包容的氛围，才能更好地促进学生个性的发展，才能有助于激发学生的个性潜能。

第三节　超越生命的潜能

学校教育的根本任务就是促进人的发展，教育“赋予人所独有的应然性，使人有追求、有理想、有创造、有超越，有意义世界的建构，有终极性的关怀，它引导人，使得这种人的属性得以从他们身上萌发、形成、伸张、提升，使他有别于世界上其他的物，使他成为真正的人”。教育促进人的发展，从本质上看是实现个体的不断超越，也就是说，教育要引导学生在发展中实现对自身的超越，积极去追求生命的意义。

“时代的发展，根本的需要是富有生命活力的个体的出现；生活中的个体是最不能丢失、忘却和替代的，是生命意义的追求”。新时期，市一中又开启了教育改革发展的新探索，聚焦个性化教育探索，引领师生的卓越发展，实现学生生命的超越。

一、明确目标，引领学生发展

办学的根本目的是促进人的发展。新时期，学校提出了新的发展愿景——“从优秀走向卓越”。市一中追求“从优秀走向卓越”的过程，是建设优秀教师团队的过程，是促进学生身心健康全面发展的过程，为成就优秀乃至卓越人才奠定基础。学校希望成为“学生微笑地走进校园、昂扬地走向社会”并对基础教育改革有积极贡献的学校。学校期望教师追求成就具有“高尚的师德、自由的思想、独立的人格、民主的精神、包容的心态、专业的素养、创新的能力”的名师境界，共同致力于把学生培养成为“志存高远，好学力行，人格健全，学力强实，身心健康，全面而富有个性，具有领袖气质和国际视野，具有创新精神和实践能力的优秀高中华业生”，为学生成就未来幸福而卓越的人生奠定坚实的基础。

为了帮助学生有明确的目标引领自身发展，学校积极开展学生生涯规划指导，把生涯发展指导作为学生工作和学校心理健康指导中心的重要工作，并成为学校创建全国心理健康教育特色示范校的重点内容和新的增长点。高一学生进校后，在开展寻访身边校友的基础上，学校还要指导学生撰写高中三年发展规划。心理辅导老师阅读所有高一学生的发展规划，并分批约谈学生进行交流，深入了解每一个学生的特点和对未来的思考，对学生发展规划进行指导，也为后续开展针对性的生涯指导和生涯体验奠定基础。

二、丰富选择，满足学生发展

雅斯贝尔斯说："没有一个人能认识到自己天分中沉睡的可能性，因此，需要教育来唤醒人所未能意识到的一切。"而唤醒的路径就是给予孩子充分选择权的课程。"个体能够通过自身的选择和行动，利用所拥有的机会，克服历史与社会环境的制约，从而建构他们自身的生命历程。"近年来，市一中积极探索构建具有充分选择性的课程，满足每一位学生的发展需要。基础型课程的校本化实施，分层教学与个别化辅导，丰富拓展型、研究型和社团课程，开发微型讲座课程、自主阳光体育锻炼课程，统整优化拓展实践课程，扩建并开发创新实验室课程，开创免修生荣誉课程，实施走班课程等。

为了引导全校师生贯彻落实学校教育理念和教育改革举措，从中追求自身的超越发展，学校提出了一系列教育主张：顺应天性、学会等待；优势发展、扬长补短；选择形成责任、规则造就品德；不上课不等于不学习、无作业不等于不学习；学习无处不在、学习无时不有；活动即课程、实践即学习、经历即收获。体育精神是学校精神的重要组成部分，它不仅有助于强身健体，更有助于磨练意志，培养拼搏、竞争、合作、执行、创新等精神和品质；艺术既能陶冶情操更能激发人的创造灵感；不以牺牲学生的身心健康换取所谓的高教育质量，不以剥夺学生的选择权利换取所谓的高教育质量，不以占用学生的自主学习时间换取所谓的高教育质量，优质的教育质量是学校课程教学改革和精致化管理的必然结果。

教师的教育理念和教育行为对学生潜能的激发和发展有着重要的影响。

为了转变教师的教育理念，改变教师的教育行为，学校鼓励教师自主组建申报建立实践探索研究项目，让广大教师在实践中思考、选择、体验，以此激发教师内在的教育创新动力，从而转变教育理念，改进教育行为，积极推进学生的个性化学习，发展学生的潜能。

三、强化实践，助推学生发展

梁漱溟先生说过："生命与生活，实质上是一回事。一为表体，一为表用而已。'生'与'活'二字，意义相同，生即活，活亦即生。生命就是活的延续。生命发展的唯一方式就是生活，生活不止，生命不息。"超越生命的途径依然离不开生活，既要模拟生活情境，更要走入真实的校外生活。

传统课堂中的教学，给予学生更多的是间接经验。当代教育，学生的社会交往与实践明显缺乏，学校应该创造更多机会和平台，为学生提供习得直接经验，并培养基于直接经验的能力和素养的可能，进而更好地提供学生全面而富有个性的发展。市一中致力于实践课程的顶层设计，建构丰富学生直接经验的实践体系，进一步开发实践课程，给学生提供更多可选择的内容，丰富学生的学习经历。

如前面介绍的校园节日的组织开展，学生从策划设计、组织实施和总结反思等方面获得不少体验和感悟，丰富着学生的学习经验；学校依托已经建成的 15 个创新实验室，积极探索将实验室建设成为真实的实践环境，开发基于实验室的校本实践课程，设计一系列实践活动，引导学生根据自己的兴趣，结合研究性学习，在创新实验室开展创新实践。而且为了学生创新实验项目的研究，组织学生实地参观工厂，如垃圾回收机制造厂、电梯制造厂等；大力支持学生创建学生社团，在现有的学生社团基础上，鼓励学生自主申请组织学生社团，探索"低门槛注册，日常性评估，规范化年检，分星级扶持，不合规注销"的社团管理模式，鼓励学生社团自办刊物，允许在本校师生、校友中公开交流，每学期学生社团成果展评，每学年开展星级社团评选；学校精心策划开展校园文化节；学校依托街道社区、家长资源等，加强与高校、科研机构和企业的联系，在完善“进楼宇看企业”的实践项目基础上，积极探寻学生参与真实的科研和商业等项目的可能性，努力为学生提供直接参加真实项目的机会，从而进一步丰富学生的直接经验。

此外，学校还积极引导学生开展模拟实践。依托校园网络，建构基于数字技术的学生学习与实践平台，运用传感器等物联网技术，探索建设虚拟的网络实践平台，并运用校园网络实行学生对学习主题、内容、时间、空间、指导老师和学习伙伴等全方位的预约学习。针对高中学生的实际，研究社会组织在校园内模拟实践的可行性，开展模拟联合国、模拟人代会、模拟法庭等实践活动，为学生深刻理解社会现实提供可能。同时，学校鼓励支持学生开展志愿服务（公益劳动）、参与社会公益项目，关爱他人，奉献爱心。一方面，学校签约各种社会实践基地，支持所有的学生参加志愿服务活动；另一方面，学校支持学生主动开展创意实践活动，并与社会公益组织携手开展社会公益项目，如 IB 国际课程班学生创意慈善音乐会，募集善款支持盛大公益厨房项目，帮助安徽贫困山区小学学生建设食堂，解决中午吃饭问题；还有 2016 年市一中主办的第三届高中生微电影比赛，邀请了一批大牌影视导演支持，将微电影比赛办成公益性的活动，极大地锻炼了学生的能力，也激发了所有参与同学的社会责任感、爱心和公益心。诺丁斯的教育研究认为“我们应该教育所有的人，既以能力也以关心为指向。我们的目标应该是鼓励富有能力、关心、热情与爱心的人的生长”，这也正是市一中的教育价值追求。

第五章　生命的成全与幸福

第一节　人生需要规划

人生规划，是人们根据个人发展的志向和社会发展的需要，对自己未来的发展道路所做出的一种预测和设计。

一、规划成就精彩人生

有一对双胞胎兄弟出生在一个物质条件优越的家庭，父母没有偏爱他们其中的哪一位。两兄弟一起上学，又一同考上了大学。可是，到他们而立之时，大学毕业后进军 IT 行业的弟弟，用了短短五年时间就成功创业，获利上千万元；而哥哥大学毕业后却找不到工作，只能待在家里“啃老”。

“我的命运怎么就这么差？为什么失败的总是我？”哥哥很不服气，在父母面前抱怨道。

父亲看着失意的儿子，低声道：“其实，你们俩一样聪明，你们唯一的不同在于：你弟弟知道自己每一天要干什么；而你却总问：‘爸爸，今天我该干些什么？’”

古人云：“凡事预则立，不预则废。”这位父亲的话，点出了兄弟二人在人生规划问题上的高下。

成功人士之所以能成功，很大程度上取决于他们有意识地规划自己的人生。哈佛大学有一个非常著名的关于目标对人生的影响的跟踪调查，对象是一群智力、学历、环境等条件差不多的年轻人，调查发现：目标清晰且有长规划的约占被调查人群的3%，这些人几乎都成了社会各界顶尖的成功人士；目标清晰，但规划时间较短的约占被调查人群的10%，这些人大都生活在社会的中上层，成为专业人士，如医生、律师、工程师；目标模糊的约占被调查人群的60%，这些人大都生活在社会的中下层，能安稳地生活与工作，但没有什么特别的成绩；没有目标的约占被调查人群的27%，这些人大都生活在社会的最底层，生活都过得不如意，并且常常在抱怨他人，抱怨社会。

二、方向为人生规划导航

有一个流传很广的故事。在非洲撒哈拉沙漠里，有一个名叫比塞尔的小村落，与世隔绝，不为人知，当地的人没有一个走出过村庄。

不是他们不愿意离开这块风景秀丽但贫瘠落后的土地，比塞尔人曾多次试图走出沙漠，但每一次都没有成功。原来，比塞尔村处在浩瀚的沙漠中间，在一望无际的沙漠里，没有一点参照物，如果凭着感觉往前走，会走出许多大小不一的圆圈，最后只能回到起点。比塞尔人之所以走不出沙漠，是因为他们没有任何导航工具，而且根本就不认识北斗星。

后来，有一个叫肯莱文的欧洲青年，来到了比塞尔，建议他们走出沙漠。当地一个叫阿古特尔的青年，跟随着肯莱文，一直向着北斗星的方向走，用三天时间走出了沙漠。

多年以后，比塞尔成了远近闻名的旅游明珠。比塞尔人在村子中央小广场上，设立了一个阿古特尔的铜像，铜像的基座上镌刻着一句话——新生活从选定方向开始。

这个故事告诉我们，选择方向对人生规划具有重要意义。

三、我们需要人生规划的启蒙

长期以来，我国人生规划教育滞后的现象相当严重，启蒙晚且内容零碎。一般认为，我国真正意义上的人生规划教育出现在高中末期，考大学填志愿这个阶段，有的甚至更晚，到大学毕业找工作时才知道有人生规划这一说。

为什么这么晚才开始“规划”自己的人生呢？这与我们的教育传统有关，多少年来，我们一直在教育学生“树立人生远大目标”，但只有口号，没有具体的目标与要求，更缺乏教育理论的指导，只有零星的职业教育和就业指导课程。普遍认为，人生规划就是上一所好小学、好中学、好大学，最终找一个好工作。至于学生的兴趣在哪里，发展的生长点在哪里，事业的突破点又在哪里？却很少有人认真考虑。

著名作家科林·威尔森说：“在我们的潜意识中，在靠近日常生活意识的表层的地方，有一种‘过剩能量储藏箱’，存放着准备使用的能量，就好像存放在银行里个人账户中的钱一样，在我们需要使用的时候，就可以派上用场。”这种生命的潜能就是我们“发展的生长点”。

然而，在我国，很多学生填报高考志愿时，不了解自己的兴趣是什么？不知道自己蕴藏的潜能是什么？也不知道应该去哪里深造？只知道考这个分数可以上什么档次的大学。所以，有30%以上的大学生所学专业不符合自己的兴趣与特长，有50%以上的工作人员所从事的工作不符合自己的兴趣与特长或者学非所用。

人生规划教育，可以帮助青少年们理性地思考自己的未来，初步尝试“什么年龄想什么事，什么年龄干什么事”的人生选择。

四、可资借鉴的生涯教育理念

（一）西方生涯教育理念

在西方，规划人生属于生涯教育的范畴。20世纪初，随着美国职业教育的兴起与发展，以人的生命历程中就业指导为核心的生涯教育被踢了出来。1908年，“职业辅导之父”——美国波士顿大学教授帕森斯创办了波士顿职业指导局，并于1909年出版了《选择职业》一书。该书第一次运用“职业辅导”这一概念，并系统阐述其职业选择理论——特质因素理论，建构了帮助青少年了解自己、了解职业，以及人职相配的职业指导模式。1951年，金斯伯格通过对不同家庭背景的大学生职业选择过程及其间所遇到的问题进行研究，提出了“职业发展是一个与人身心发展相一致的过程”理论，并出版了《职业选择》一书。在此基础上，舒伯（Super，1953）提出了生涯发展理论，认为“生涯是生活中各种事件的演进方向和历程，它统合了人一生中的各种职业和生活角色，同时表现出个人独特的自我发展形态。”在他看来，生涯不仅是工作或职业，还包含了个人的生活风格，是一个人一生中所从事的所有活动。舒伯生涯发展理论的提出被认为是生涯辅导形成的标志，是职业辅导与生涯辅导的分界线。

20 世纪六七十年代美国的失业率很高，反映出学校所培养的人不适应雇主的要求。1970 年，美国联邦教育委员会詹姆斯 • 艾伦在调查中发现，教育与社会脱节且不适应，于是便提出教育的目标应调整为应对“工作”的导向。随后，美国联邦教育署署长西德尼 • 马兰（Sidney P.Manland，1971）正式提出“生涯教育”的观念及构想。他认为，改变职业辅导重视职业能力的培养而忽视人格的成长和完善的偏向，旨在培养人格上能干的人，而非职业能力上能干的人，将工作价值与态度、情感等因素纳入到生涯教育之中。

（二）中国香港、中国台湾地区生涯教育实践

1.中国台湾地区生涯教育

《国民教育阶段九年一贯课程总纲要》明确规定，“生涯规划与终身学习”是国民十大基本能力之一。一至九年级要培养学生的生涯发展能力，应该抓住三个重点——自我觉察、生涯觉察与生涯规划。具体的课程目标包括：

（1）了解自己，培养积极、乐观的态度及良好的品德、价值观；

（2）认识工作世界，并学习如何增进生涯发展的基本能力；

（3）认识工作世界所需的一般技能，培养独立思考及自我反省，以扩展生涯发展信心。

（4）了解教育、社会及工作间的关系，学习各种开展生涯的方法与途径；

（5）运用社会资源与个人潜能，培养组织、规划生涯发展的能力，以适应社会环境的变迁。

中国台湾地区生涯教育还制定出了各学段教学的具体要求。

表 5-1　我国台湾地区生涯教育各阶段的教学要求

阶段	年级	特征
生涯觉醒	幼稚园至国小六年	自我、职业角色、工作的社会角色、社会行为及应负责任等的觉醒。
生涯探索	国小六年至高一	发展有关自我和工作世界的概念及基本技能、生活知识、决策技能和其他生涯选择的重要因素。
生涯定向	国三至高一	发展进一步职业知识，评价工作角色；发展工作的社会及心理层面知识，澄清自我概念及社会可接受的行为；了解生涯计划的基本要求。
生涯准备前段	国三至高三	述说进入行业所需要的知识，首先了解工作的社会和心理因素，拟定教育或训练的计划；澄清对代表性职业的兴趣和性向；探讨职业偏好后的连续结果。
生涯准备后段	专科及大学院校	进一步探索兴趣及性向并重新认定职业选择，发展生涯专长技能知识及进一步的人际关系；正式进入选定教育或职业旅途。

2.中国香港地区生涯教育

香港人认为，事业对人生有着深远的影响，职业不仅仅是谋生的手段，也是生存的需要，是人一生中生活的核心。因此，香港人将生涯教育贯穿于学生在校生活的始终。他们认为，学生的发展就是生命的成长状态，应该有方向性、目的性。香港地区的生涯教育与就业结合得很紧密，主要包含四个方面：①学习如何谋生；②学会如何学习，包括如何利用学校教育发展潜能、增进知识、加强能力；③学习如何生活，从社会活动中体验工作；④学习建立良好的人际关系。学校不仅通过各种活动来进行生涯教育，如开设多种讲座，讲述生涯规划的模式，澄清生涯价值观，鼓励投入生涯发展，开设多种生涯“工作坊”；而且还实行个别辅导，由专业心理辅导人员进行面谈，促进学生获取生涯发展的信心和能力。

现代研究表明，青少年11～17岁是个体生涯发展的尝试期，依次经历由兴趣、能力和价值观起主导作用的几个时期，是生涯发展重要而关键的阶段。18岁之前，个体将形成自己的人生观和世界观，其中包含发展职业想象能力、培养职业兴趣和能力等内容。所以，基础教育阶段，尤其是中学阶段是个体生涯发展的重要阶段，一旦错过就会对学生造成不可弥补的损失。因此，不失时机地对青少年开展生涯教育，已经成为我国学校教育一项刻不容缓的工作。

第二节　做真实的自我

一、认识真实的自己

要做真实的自我，首先必须认识自己。由于自我认知的偏差，很多人往往可能被一些假象所迷惑，以至于毁掉了自己的前程。这种例子在我们的生活中随处可见。

在美国的底特律贫民区里，有一个名叫R.热佛尔的黑人青年。小时候缺乏爱抚和指导，成天和一群坏孩子生活在一起，学会了逃学、破坏财物和吸毒。从12岁开始，就因偷盗、抢劫多次被送进监狱。18岁那年，他又因为参与对一家酒吧的武装打劫，再次被送入监狱。

一天，监狱里一个年老的无期徒刑犯看到他在打垒球，便对他说："你是有能力的，你应该做些你自己的事，不要自暴自弃！"

老囚犯的这席话仿佛让R.热佛尔认识到真实的自己。经过反复思索，他决定痛改前非，重新做人，当一名垒球手。

五年后，R.热佛尔假释出狱，如愿以偿地成了全明星赛中底特律老虎队的队员。一年后，他成长为垒球队的主力队员。

R.热佛尔之所以能从囚徒到明星，得益于他对真实自我的再认识。

苏格拉底说："一切智慧都基于自我认识。"自我认识的过程，实际上是一个自我意识不断觉醒的过程。所谓自我意识，是个体对自己以及自己与外部世界关系的认识，不仅包含了对自己的认识，也包含了对自己的主动改造。

有人说，认识自己比认识世界还难。这是因为有人习惯从别人的赞赏中放大自己，结果飘飘然；有人常常在别人的议论中扭曲自己，结果昏昏然。实际上，我们每一个人都需要在人生的体验中，慢慢地认识自己，我的优点是什么，缺点在哪儿；我能做什么，不能做什么；我应该追求哪些，应该放弃哪些……因为，只有真正认识自己之后，我们才能找准人生的方向，才能开始快乐的生活。

二、人要为自己而存在

在斯坦福大学的毕业典礼上，美国苹果公司联合创办人史蒂夫·乔布斯列出了做真实自己的三大益处：让自己更愉悦地接受自己，减轻自己的压力和焦虑；使自己成为更好的伴侣、父母、朋友；让自己成为一个更美好的人。

在他看来，了解真实的自己是成就大事的前提。你需要了解真实的你，而不是你的品牌、名誉、你的过去抑或他人对你的看法。为什么你不应该过他人的生活？很简单，因为首先你不是“其他人”，你的本性总有一天会现形。所以，请放开你的品牌形象，努力发掘真实的自我，努力把自己经营成最好的自己。

作为社会的个体，首先是为自己的存在而存在，而不是为任何其他人而存在。只有这样，人才能淡化烦恼，使自己变得轻松。如果我们成天被别人控制着，那怎样表达自己的情感、智慧和观点呢？即便我们生活在一定的社会环境中，受到各种因素的约束或者干扰，但本性不能改变。不要迎合他人的期待，不要取悦他人，要对自己的真实存在负责！

进入中学后，社会和家庭对我们的期许多了，无意中带给我们巨大的压力。比如要求我们好好学习，上理想的高中，将来能考上名牌大学等。自己有多大能耐自己知道。老老实实走自己的路，不要被这样或那样的“期许”所左右，做一个力所能及的真实的自己。

三、保有生命的纯真

一个初中女生在日记里写下了自己的困惑，可能有一定的代表性。

今天，来参加我 14 岁生日聚会的朋友真不少。当我把朋友们送走后，爸妈便把我叫到了他们的房间里。接着，他们非常慎重地给我谈了很多陌生的话题：什么见面只说三分话，不可全抛一片心；什么今后学习上帮助同学不要傻乎乎地什么都教给别人，要留点关键的东西，保不准将来他就是你最大的竞争对手；什么不要整天嘻嘻哈哈，一点城府都没有，别让人家一眼就看穿了你的信息……我头都大了。父母的面容在我的眼前突然模糊起来。难道这就是我长大的代价吗？今后我就要把真实的“自我”隐藏起来，戴个虚伪的面具行走在这个世界上吗？

我觉得做事瞻前顾后，做人缩手缩脚，那多没意思啊！还是坦坦荡荡真实一点好。

做真实的自我，必须保持生命的纯真。生命纯真是生命的活力与希望。保持生命的纯真，就会用积极的心态去面对人生，面对生活中每一次成功与挫折。只有生活在真情实感中，我们才会发现这个世界到处充满着爱。

只有保持生命的纯真，我们才能用自己的眼光去观察世界，用自己的头脑去思考生活。做最好的自己，忠于自己内心的感受，不讲空话、套话、假话；追求美好的心境，保持一颗积极向上、乐观的童心。

2012 年 4 月，江苏启东汇龙中学爆出一条新闻。一名叫江成博的高三学生在学校的升国旗仪式上，将老师“把过关”的一篇主题为“如何树立远大理想”的演讲稿，偷换为一篇“做美好的自我”的演讲，可谓惊世骇俗。

其内容如下：

同学们：

在这个庄严的时刻，我要告诉大家，我们接受的是什么教育？

根据调查，中国孩子计算机能力世界倒数第一，创造能力世界倒数第一，没有一个诺贝尔奖是接受中国教育而获得的，泱泱大国，亿万学子，能不害羞？这难道就是我们接受 16 年教育的结果吗？我们不能只为父母的理想而努力，而应该有自己的理想。

这种变味的教育学了能有什么用？就是考上大学又能如何？找到工作又如何？我们不是机器，即使是机器，学校也不该把我们当成追求升学率的工具！

在这样的教育下，我们都在争取什么呢？都变成了什么人呢？

我们有的人充满嫉妒，嫉妒别的同学比自己考的分数高，不愿跟他们为伍，由嫉妒产生自卑；我们有的人充满孤独，长期泡在题海里，没有好朋友，又不愿跟爱玩的同学为伍，回头发现我们何其孤独！同学们，你们有没有感觉到？

……

如何树立远大理想？请先给我们自由生活，请归还我们快乐成长的时光！

国旗下的演讲变成了对现代教育的“讨伐檄文”，语出惊人，舆论一片哗然，对此，褒贬不一。有很多人叫好，比如，北京理工大学高等教育研究所的杨东平教授认为，江成博有批判性思维和道德勇气，能“为活出自我而去努力”。上海交通大学熊丙奇教授也认为，一个健康、多元的校园应该允许学生的个性表达，学生的行为应该受到鼓励。当然，也有人认为其行为“偏激”。

总之，舆论对江成博追求“做美好的自我”，忠于内心的感受，不迎合不讲套话的精神给予赞赏。难能可贵的是，主持活动的徐辉副校长表现得很宽容，既没有关掉麦克风，也没有让学生中途下场，而是满足了学生情绪的倾泻以及生命个性的张扬。

四、面对真实的生活

做真实的自我，必须有一种从容淡定的生活态度。

在中学生活中，考试失误、同学冷落、老师批评、家长埋怨等是常有的事。比如，随着中学课程难度的增加，很多同学的学习成绩会迅速下滑，并常常生活在“失败者”的阴影之中。这就要注意保持情绪的稳定性，不要如愿以偿时，精神振奋，眉飞色舞；事与愿违时，精神萎靡，垂头丧气。挫折与失败本来就是生活的常客。生活不会尽善尽美，经历坎坷才是真实的人生。我们只有从容地面对，克服自卑心理，消除内心的烦恼，减轻心理的压力，才能成就一个真实的自己。

中学生已经具备一定的自我调适能力，如适时调控，可以避免情绪波动造成的不利影响。

方法之一，正确评价自己。身处逆境中，不要成为不良情绪的奴隶，轻易怀疑自己的能力而成为情绪的俘虏。要善于用意志力来控制自己的情绪，理性地面对现实，冷静地分析所处形势，正确的评价自己，让自己朝着积极的方向思考。

方法之二，适当宣泄情绪。情绪积累到一定程度就需要发泄。当遇到不愉快的事时，有苦你就诉、有泪你就流，或者干脆把苦恼、愤恨统统写在纸上，然后撕个粉碎。心情不好，玩玩发泄球，也可以调整自己的情绪与心态。千万别把事情憋在心里，生闷气。找几个知心朋友，就事论事倾诉一番，把自己积郁的消极情绪倾诉出来。

方法之三，改变不利环境。当你心情烦躁时，换件舒服的衣服、听听音乐、做做健美操、打打球、看看漫画，到郊外走一走，或者与心理导师交流交流，分散你的注意力，让你心情舒畅。

泰国华裔商人施利华，在亚洲金融危机之前，他是叱咤风云的人物、亿万富翁，1997 年的一场金融风暴使他除了一身债之外什么都没有了。

面对这一惨败，他只说了一句："好哇！又可以从头再来了！"他从容地走进街头小贩的行列，开始街头叫卖三明治的新生涯。

一年之后，"施利华三明治"在泰国已是人尽皆知，在 1998 年泰国《民族报》评选的"泰国十大杰出企业家"中施利华名列榜首。谈到成功的经历，他说："人倒霉不一定是坏事，就看你怎么去对待它。"

五、做一个有正义感的人

维护社会公平与正义既需要法律法规的约束，更需要每个社会人士的积极参与。因此，培养人的正义感是人生命健康成长的重要因素。

做一个有正义感的人需要分清是非。很多人心地善良，嫉恶如仇，充满正义感，但由于明辨是非的能力差，往往临阵犯迷糊。尤其是在遇到一些新情况、新问题的时候。比如，考场舞弊本该制止，大家却见怪不怪，有的人甚至在某种私欲的驱使下迷失了是非观念，助纣为虐，破坏了良好的社会风气。提高辨别是非能力最基本的方法，就是要加强学习，特别是要加强道德修养，提升法规意识，知道社会提倡什么、反对什么。

做一个有正义感的人，需要身体力行。维护社会的公平正义，人人都是参与者，而不是旁观者。只有这样才能众志成城，形成合力。

建立一个良好、有序的社会环境，需要大家的共同努力，我们必须彻底摒弃那种“事不关己，高高挂起”的陈腐观念，积极倡导良好的社会公德，努力践行尊老爱幼、救死扶伤、扶贫济困、抢险救灾等行为，做一个富有正义感的人。

在美国波士顿犹太人屠杀纪念碑上，铭刻的一位名叫马丁·尼莫拉的德国牧师留下的短诗——《沉默不可取》。诗中这样写道：

在德国
起初他们追杀共产主义者
我不说话
因为我不是共产主义者
接着他们追杀社会民主主义者
我不说话
因为我不是社会民主主义者
后来他们追杀工会成员
我不说话
因为我不是工会成员
之后他们追杀犹太人
我还是不说话
因为我不是犹太人
最后他们要追杀我
但再也没有人站起来为我说话了

二战时，马丁·尼莫拉因反对希特勒的犹太政策和对德国教会的控制，被希特勒抓进了集中营。最后在各方正义力量的协助下，才逃过纳粹的迫害。战后，马丁·尼莫拉致力于和平反核活动，为德国社会道德重建立下了不朽功勋。

这首诗是马丁·尼莫拉在晚年忏悔自己当年的道德污点时写下的。这段“碑文”寓意深刻，它精辟地阐述了人世间正义与邪恶、自我与社会、助人与被助的辩证统一的关系。

第三节　直面挫折与苦难

每一个人都希望自己的人生道路一帆风顺，心想事成。但是在现实生活中，挫折与苦难却常常如影随形，让我们迷惘、彷徨。如何直面挫折与苦难，把稳自己的人生之舵呢？

法国作家雨果说："当命运递给我们一个酸柠檬时，让我们设法把它制造成甜的柠檬汁。"对于生命中的挫折与苦难，我们无法选择，也无法逃避，唯一可行的办法就是积极正视，勇于挑战。

一、挫折与苦难是人生的一段旅程

人生是一次漫长的旅程，其间有鸟语花香的浪漫，也有昏天黑地的挫折与苦难。挫折常常与痛苦、沮丧和不安等"心理"相随，苦难往往与灾难、疾病和恐惧等"不幸"相伴，以偶然或必然的形态沉浮于生命的时空里，让我们的机体和思想遭受折磨。

俗话说，人生逆境，十之八九。挫折与苦难是人生中最真实的内容，是生命中不可缺少的组成部分，是别样的生命体验。

德国天文学家开普勒从童年开始便多灾多难，在母亲腹中只待了七个月就早早来到了人间。后来，天花把他变成了麻子，猩红热又弄坏了他的眼睛，但他凭着顽强、坚毅的品德发奋读书，学习成绩遥遥领先于他的同伴。后来因父亲欠债使他失去了读书的机会，他就边自学边研究天文学。

在以后的生活中，他又经历了多病、良师去世、妻子去世等一连串的打击，但他从未停止对天文学的研究，终于在59岁时发现了天体运行的三大定律。他把一切不幸都化成推动自己前进的动力，以惊人的毅力，摘取了科学的桂冠，成为"天空的立者"。

俗话说："天有不测风云，人有旦夕祸福。"在人生的道路上，遭遇挫折与苦难是很正常的，关键是面对挫折与苦难，我们要有一个好的心态。心态好了，你会想到“不经历风雨，怎能见彩虹”“留得青山在，不愁没柴烧”；心态不好，你就会茫然不知所措，或者一蹶不振……因此，有人说，面对生命中的苦难，最重要的是自己拯救自己。

二、面对“青春的磨难”

一个人在人生旅途中，总会遇到一些挫折和磨难，比如贫困、疾病、失业或者家庭变故等。处于青春期的少年们面临的“磨难”，则属于生命成长中所特有的经历，比如青春期成长中的烦恼、学业竞争的激烈、人际交往的复杂等。每个人所处的环境不同，各自所遭遇的磨难自然是不一样的。有的为学习而纠结，有的为情感而烦恼……如何面对这种种磨难，这不仅关系到眼前的生活，更关系到将来的发展。

因此，我们要学习和提升生命实践能力，为将来应对风雨人生打好基础。

青少年在成长过程中会面对来自社会、家庭和文化的三种心理逆境，比如学业竞争、情感纠葛、自卑自贱等就是其中最明显的反映。在一定的情境中，如果消极的挫折适应方式一旦被习惯化、稳固化，压力不但得不到缓解，还会对中小学生的心理产生负面影响。

我们生活在一个充满诱惑的时代，如果我们消极应对，甚至采取一些极端的做法，必然会产生严重的后果。冷静面对并妥善处理这些青春期的心理磨难，是青少年走向成熟的必经之路。

三、建立挫折心理防御机制

心理防御机制是指个体面临挫折或紧张情境时，在其内部心理活动中具有的自觉或不自觉的解脱烦恼，减轻内心不安，以恢复心理平衡与稳定的一种适应性倾向。这种心理防御机制既有积极的意义，也有消极的意义。其积极的意义在于能够使主体在遭受困难与挫折后减轻或免除精神压力，恢复心理平衡，甚至激发主体的主观能动性，激励主体以顽强的毅力克服困难，战胜挫折。其消极的意义在于使主体可能因压力的缓解而自足，或出现退缩甚至恐惧而导致心理疾病。遇到挫折时，我们要趋利避害，冷静分析，从客观、主观、目标、环境、条件等方面，找出受挫的原因，采取有效的补救措施。

心理学研究表明，人在受挫时往往自觉不自觉地寻找和使用一些策略和方法，应对或适应所面临的挫折情境，达到心理平衡，这些无意中运用的方法、手段就是挫折的心理防御机制。在生命教育中，青少年常用的方法主要有以下几类。

（一）补偿

原先的预期目标受挫，可以改换别的途径达到目标，或者改换新的目标，以求获得新的胜利，即“失之东隅，收之桑榆”。比如，有的同学身材矮小，虽不能在运动场上出类拔萃，但如果刻苦攻读，就会收到品学兼优的效果。

（二）宣泄

将积压在心中的苦恼、愤怒、悲伤等负面情绪以合理的方式发泄出来，比如，找知心朋友或信得过的师长谈心；以日记、书信的方式述说情怀；到空旷的地方放声歌唱……通过这些方式宣泄负面情绪，改变内心的压抑状态，以求身心的轻松，从而让目光面向未来。

（三）转移

离开当前的挫折情境，将自己的情感和精力转移到有益的活动中去，展示自己生活中美好的一面。比如更换学习环境，去野外郊游，参加体育活动……投身新的环境，以摆脱痛苦，达到心理平衡。

人们应对挫折较为积极有效的方式应该是针对挫折进行直接的调整与改变；积极主动地适应挫折情境，自觉有效地调节心理矛盾，不断协调内外部环境，使其有利于个体的发展和提高。

四、挫折是人生的财富

生命需要苦难来打磨。苦难使我们接纳自己的现实处境，使我们谋求自我的蜕变和新生。英国哲学家培根说过："超越自然的奇迹多是在对逆境的征服中出现的。"从这个意义上说，挫折将是人生的一笔财富。

美国人杰西卡的成长给我们诠释了"挫折是人生的财富"这一精辟论断。

她出生时就没有双臂。懂事后，她问母亲："为什么别的小朋友都有胳膊和双手，可以拿饼干吃，拿玩具玩，而我却没有呢？"

母亲强作笑脸，告诉她说："因为你是上帝派到凡间的天使，但是你来时把翅膀落在天堂了。"她很高兴，说："有一天我要把翅膀拿回来，那样我不但能拿饼干和玩具，还会飞了。"

7 岁上学前，母亲请医生为她安装了一对精致的假肢。那天，母亲对她说："我的小天使，你的这双翅膀真是太完美了。"但她却感觉到，这双冷冰冰的东西并不是自己的那双翅膀。在学校里，缺少双臂的她，成了同伴们取笑的对象。

课余时间，同学们最大的乐趣是荡秋千，而她只能站在远处痴痴地看着。只有在他们离开后，她才偷偷地走到秋千旁，用那冰冷的假肢勾住绳子，努力地踮起小脚尖，坐上秋千板。

她坐稳后，那瘦小的身子前后使劲地晃动着，慢慢地，秋千荡了起来。这时，她闭上眼睛，听耳边掠过的风声，想象自己找回了失去的双臂，像天使一样在操场上空飞翔。

14 岁那年的夏天，父母带她乘船到夏威夷度假。

每天，她都站在甲板上，任两截空飘飘的衣袖随风飞舞，每当看到海鸥在风浪中自由飞翔，她都情不自禁地叹息："如果我有一双翅膀多好，哪怕只飞一秒钟！"

"孩子，其实你也有一双翅膀的！"一个苍老的声音在她耳边响起，她循声望去，吃了一惊！一位黑皮肤的老人，没有双腿，整个身体就固定在一个带着轮子的木板车上。此刻，老人用双手熟练地驱动着木板车，在甲板上自由来去，她看呆了。

她了解到，老人是10年前从非洲大陆出发的，如今已经游遍了世界五大洲的70多个国家，而支撑他“走”遍世界的，就是一双手。“孩子记住，那双翅膀，就隐藏在你的心里！”船靠岸那天，老人的临别赠言让她整颗心一下子飘荡起来。

她开始练习用双脚做事。为了让双脚保持柔韧有力，她每天通过走路的方式来锻炼。不懈的努力让她的双脚越来越敏捷，她的脚趾开始能像手指一样自由弯曲，她不但学会了写字、梳头、打电脑、弹钢琴，还获得跆拳道“黑带二段”的称号和亚利桑那大学心理学学士学位。她练习用双脚来开汽车，事实上，她比普通人更快地拿到了驾照。

一路走来，她的成就已足够令自己和父母骄傲了。但童年时那个飞起来的梦想却总让她挥之不去，她要像天使一样自由飞翔。

一次培训残疾飞行员的机会让她欣喜若狂，她认定这是属于自己的机会。获得轻型飞机的驾照需要学习6个月，她却用了整整3年时间。经过艰苦训练，她可以用双脚熟练驾驶轻型运动飞机，并成功通过私人飞行员驾照考试，这让教练都惊叹不已。

她时年23岁，是美国历史上第一个只用双脚驾驶飞机的合法飞行员。

心灵与梦想，是每个人与生俱来的隐形翅膀，只有勇于展开它们的人，才会飞起来，超越一切，抵达幸福的人生彼岸。

为什么快乐的时光很容易打发，而痛苦的过程却总是那样的漫长。这是因为，挫折与苦难在磨砺我们的意志，强化我们的记忆，书写着它之于人生的特殊意义。我们只有从容地接受生命中的这些挫折与苦难，才能使“缺憾”闪耀出人性的光辉。

一位哲人说过：“一个历经坎坷而仍然热爱生命的人，他胸中一定藏着从痛苦中提炼的珍宝。”不经历苦难，生命就不会有极致的绚烂。

第四节　活出生命的意义

奥地利精神医学家维克多·弗兰克在他的《活出意义来》一书中说："一个人不能去寻找抽象的生命意义，每个人都有他自己的特殊天职或使命，而此使命是需要具体地去实现的。他的生命无法重复，也不可取代。所以每一个人都是独特的，也只有他具特殊的机遇去完成其独特的天赋使命。"青春期是生命成长的一个重要阶段，承上启下，对生命价值观的形成具有特殊的意义。我们要努力完成自己在这一阶段的"天赋使命"，活出生命的意义来。

一、追求高雅的生活情趣

生活情趣是一个人思想意识、文化修养、生活态度的综合体现。它是人的一种内在的禀赋，是经过长期修养而形成的生活品味及其对生命的感悟与理解，是高于现实法则的一种浪漫情趣。高雅的生活情趣，有益于个人的身心健康，符合现代文明的要求，也符合科学精神和科学生活的要求。

庸俗的生活情趣，不利于青少年的身心发展，甚至有害其身心健康，往往使人看不到生活中丰富多彩的一面，也看不到生活的美好愿景，只能看到眼前的事物，追求暂时的快乐。

青少年时代正是人生起步阶段，赋予生命一些烂漫的情趣，无异于为我们的生命涂上一层亮丽的色彩。

（一）培养乐观、幽默的生命品质

乐观、幽默是一种良好的心理品质，是人们陶冶高雅生活情趣的重要条件。一个乐观、幽默的人，对生活中美好的一面往往比较敏感，能及时抓住其有趣的一面，恰当地表达自己的思想和感受，并能给周围的人带来快乐。在现实生活中，挫折和失败是常有的事，如果我们承受挫折的心理能力弱，又缺乏自我解嘲的幽默感，焦虑情绪就会不断地困扰我们。因此，有人视乐观和幽默为心理压力的减压阀。一个具有乐观、幽默生命品质的人，即便遭遇困难，也能轻松应对。

人际吸引理论告诉我们，人类喜欢拥有相似态度或价值观的人。幽默有时可以促进人际的沟通与交流，成为发展友谊的第一步。即便生活中的摩擦和冲突伤害了相互的感情，适当的幽默也不失为一种和解的方法，没准还能化解剑拔弩张的尴尬。具有幽默感的人在日常生活中人缘关系都比较好。他们可以在短期内赢得对方的好感和信赖，拉近人际交往之间的距离。于是，有人认为，幽默是一种人际关系的润滑剂。

1971 年，基辛格博士为恢复中美外交关系秘密访华。在一次正式谈判尚未开始之前，基辛格突然向周恩来总理提出一个要求："尊敬的总理阁下，贵国马王堆一号汉墓的发掘成果震惊世界，那具女尸确实是世界上少有的珍宝啊！本人受我国科学界知名人士的委托，想用一种地球上没有的物质来换取一些女尸周围的木炭，不知贵国愿意否？"

周恩来总理听后，随口问道："国务卿阁下，不知贵国政府将用什么来交换？"基辛格说："月土，就是我国宇宙飞船从月球上带回的泥土，这应该算是地球上没有的东西吧！"

周总理哈哈一笑："我道是什么，原来是我们祖宗脚下的东西。"基辛格一惊，疑惑地问道："怎么，你们早有人上了月球？什么时候？为什么不公布？"

周恩来总理笑了笑，用手指着茶几上一尊嫦娥奔月的牙雕，认真地对基辛格说道："我们怎么没公布？早在 5000 多年前，我们就有一位嫦娥飞上了月亮，在月亮上建起广寒宫住下了，不信，我们还要派人去看她呢！怎么，这些我国妇孺皆知的事情，你这个中国通还不知道？"周恩来总理机智而又幽默的回答，让博学多识的基辛格博士笑了。

（二）追求健康的休闲生活方式

休闲是指在工作之余以各种"玩"的方式求得身心调节与放松，达到生命保健、体能恢复、身心愉悦的一种业余生活。休闲有高雅与低俗之分。我们要远离黄、赌、毒等低级庸俗的休闲生活，选择文明绿色健康的休闲生活。

现代生活中，随着生活节奏的日益加快，人们的工作紧张程度越来越高。很多时候我们需要学会“忙里偷闲”，用健康的休闲方式来舒缓生活的压力。著名经济学家于光远先生曾说过：“人一忙就容易乱，头脑不清醒；人一忙也容易烦躁，心情不能平和；人一忙就容易肤浅，不能研究问题，不能冷静认真思考。”那些学会了既能享受工作又不浪费自由时间的人，才会感到他们的生活是一个整体，才会感到生命的价值。

健康的休闲方式可分为四类，即运动休闲、养生休闲、文化休闲和旅游休闲。不同的生命个体，在休闲方式的选择上也应该是不一样的。

中学阶段学习任务繁重，休闲时间相对较少，看电视、玩游戏几乎成为绝大部分中小学生的休闲活动。因此，我们要引导青少年合理利用课余时间，开展多样化的休闲活动。双休日，组织远足、棋类、球类、艺术类活动；寒暑假，组织参观名胜古迹、游历名山大川等活动，提升休闲品质。

随着多元文化的发展，街舞、轮滑、网上冲浪等新兴的休闲方式进入到了我们的生活中，深受广大青少年的喜爱。当然，休闲也要趋利避害，确保休闲的安全与健康。

（三）高雅生活情趣培养有秘诀

教育实践表明，中小学培养学生高雅生活情趣的方式方法很多，主要途径有三条。

第一，热爱生活，以阳光般的心态面对生活。高雅的生活情趣来源于对生活的热爱，对生活中美的感受。英国物理学天才史蒂芬·霍金身体严重瘫痪，但乐观的他用莎士比亚剧作《哈姆雷特》里的台词“即使把我关在果壳里，我仍自认为是无限空间之王”来形容自己的处境，表现出他热爱生活、热爱科学、积极向上的生活态度。当代中小学生生活节奏加快，学习压力大，我们更应该以乐观的态度笑对生活。

第二，兴趣广泛，在探索真善美的过程中增添生活的情趣。所谓兴趣，就是人们积极探究某种事物或进行某种活动的倾向。当人们对某件事情感兴趣时，就会去喜欢它、关心它，并乐此不疲地去琢磨它。在应试教育的背景下，中小学生的学习兴趣比较单一，对与考试关系不大的内容，一般较少关注和涉猎，这是导致我们生活情趣缺失的重要原因。青少年思想活跃，好奇心强，必须兴趣广泛，在探索真善美的过程中，增添自己生活的情趣。

面对五光十色的社会生活，我们要学会独立思考，自主判断，不要被从众心理所左右，要勇于对不良嗜好说“不”。比如在好奇心驱使下，学习超前消费、抽烟、酗酒等。好奇心是我们行为的动力，它可以驱使我们去探索未知世界的奥秘，获得新的感受，给我们的学习和生活增添新的情趣，但好奇心的方向如果把握不好，也可能让我们误入歧途。因为，追求真善美，带给我们的是高雅的生活情趣；追求假丑恶，带给我们的将是庸俗的生活情趣。

第三，丰富文化活动，提高审美能力。丰富的文化生活是陶冶高雅生活情趣的重要途径。中小学生不能局限于课堂文化知识的学习，还要拓展文化生活领域，积极参加各种文体活动，亲近大自然，从而使自己的生活越来越丰富，知识面不断扩大，不断提高审美能力和欣赏水平，使我们的情趣更加高雅。

二、突破生命的局限

对于生命的局限，人们往往会以百般的努力，最大限度地去突破它。其实，人类社会进步的历史，就是一部不断突破自身局限的历史。从丛林到地面再到太空，人类突破了自身生存空间的局限；从石刀到青铜器再到机器人，人类突破了自身生命缺憾或突破生命局限的时候，往往力不从心，这就需要人与人之间彼此关怀与照顾。

（一）生命有很多局限

生命的局限，主要存在于两个方面：一是先天遗传或者后天灾祸造成的人的生理和心理局限，比如智力障碍、肢体残缺等；二是社会环境、生存环境对我们自身的发展所造成的限制，比如形体相貌、智商基础、家庭环境等。

所有这些局限都是与生俱来、无法选择的。

人的心理因素更为复杂。无论是认知、情感、意志等心理过程，还是兴趣、能力、性格等个性心理，都不同程度地存在着一定的局限。人的心理还会受环境的影响有所改变。比如，社会制度与经济基础、文化传统与习俗、价值观念与生活条件等，都会影响人的心理，改变人的心理。这也是人的心理局限的重要表现。

中小学是人的自我意识初步确立和形成的阶段，这一时期青少年一般思想都比较单纯，敢想、敢说、敢做、敢当，自尊心和自信心逐步增强。但是其心理尚未发育成熟，人生观、价值观尚未确立，往往把坚定与执拗、勇敢与蛮干、无畏与冒失等混为一谈。尤其是进入中学以后，受到升学、考试、交友以及与家长沟通等环境因素的影响，心理常常出现不良反应，如厌学、焦虑、抑郁、偏执等。因此，我们一定要努力克服自己的心理局限，不要在这些局限中迷失了自我。

（二）积极面对生命的局限

懂得了生命会存在很多局限，我们就应该以一种积极的态度去面对这些局限。

首先，要接收自己的局限、认识自身的不足，这能让自己的头脑更清醒，从而换来一生的从容。我们只有承认并正视自身的局限，才有可能超越和驾驭它。能够接纳自身的缺憾与不足，不勉强自己在局限的边缘挣扎，这是对自己生命的一种成全。

然后，我们要对自己的局限作出理性的分析。如果局限是通过自己的努力能克服的，就应该义无反顾地去突破它；如果局限是自己无法突破的，就应该尽力把局限带来的负面影响减少到最小程度。理性地分析自己的局限，需要大智慧。除了要有豁达的心态，还要善于扬长避短，学会放弃。

武汉的舟舟智商不高，在文化学习上难有建树，就充分发挥他在音乐方面的特长，最终成为一名舞台音乐指挥家。

积极地面对人生的局限，就要有在局限面前善于变通、谋求发展的智慧。

（三）挑战人生的局限

人类在征服大自然的过程中，借助特殊的装备可以突破高温、高寒、缺氧、有毒、失重等特殊环境对生命的局限，进而进行科学探索活动。譬如，我国神舟飞船飞上太空，蛟龙号深潜海底，并成功地开展科学实验，航天员和潜水员都需要突破许多生命的局限。

三、寻求生命的永恒

生命是短暂的，也是永恒的。我们不能碌碌无为地虚度一生，而要努力追求一份生命的永恒。

（一）活出生命的意义

生命的意义首先就是生命本身。青春期是生命成长的一个重要阶段，承上启下，对生命价值观的形成具有特殊的意义。从个体而言，活着，就表明一个有血有肉的“自我”的存在；活着，就表明希望的存在，我们才可能有自己想要的人生。从社会层面讲，其意义也是显而易见的。没有过去生命的存在，就不会有现在生命的繁衍；没有单一生命的存在，就不会有社会这个群体。

生命的意义还在于生命是一定社会关系的产物。生命作为一种存在，是与环境、与社会彼此关联、彼此依存的。生活中，我们常说，某某人给了我不少帮助，某某朋友对我很重要，这些都说明了生命与生命之间存在种种依存关系。我们的生命不仅属于自己，还属于身边每一个关爱我们的人。

我国著名文学家巴金说：“生命的意义在于风险而不在于享受。”生活的目的在于增进人类全体之生活，生命的意义在于创造宇宙继起之生命。为人类的发展而活，为宇宙的延续而活，这应该是很高的境界。

生命的意义因人而异，因时而异。因此，我们不能只思考生命的一般意义，更要思考一个人在某一阶段中的特殊意义。痛苦中活出快乐，逆境中活出坚强，平凡中活出精彩，都应视为生命的意义。

美国女孩莉斯·默里以亲身的经历告诉我们，只有当自己赋予生命意义的时候，生命才有了意义。

莉斯·默里的父母都染上了毒瘾，她 8 岁就开始了乞讨的生活。15 岁时，母亲死于艾滋病，父亲进了收容所，她从此便流落街头。默里在 17 岁时决定回到学校读书，改变自己的命运。她用了两年的时间完成了 4 年的课程，获得“纽约时报”一等奖学金，并以全优的成绩考入哈佛大学。她以不向命运屈服的意志面对人生，追寻心中的梦想，最终成就了自己独特的人生。

（二）品尝幸福的滋味

人们普遍认为，现在的中小学生郁郁寡欢的多，阳光、有朝气的少。衣食无忧，能上学念书，孩子们为什么没有幸福感，快乐不起来呢？中、日、韩、美四国高中生权益状况的比较研究显示，学习太紧张是四国高中生最大的烦恼，而中国高中生每天学习的时间最长。调查发现，78.3%的中国普通高中生每天在校学习时间在 8 小时以上，有的更长；学习生活单调而又紧张，语数外、政史地、理化生轮番登场；作业一科比一科多，习题一道比一道难……这对于十来岁的少年而言是难以承受的。更何况，学校评价模式的功利化，让“考试分数”成为衡量学生优秀与否的唯一标准。只有那些学习能力强、学习成绩好的孩子们才能得到肯定，而绝大多数学生常年生活在失败的阴影中，他们没有成就感，自然就感觉不到幸福。

教育专家们认为，一个人如果从小幸福感缺失，没有幸福的基石，成年后想幸福也很困难。因此，幸福人生教育也就成为中小学生命教育的重要内容。

首先，我们要深化教育改革，让教学内容鲜活起来，让质量评价多元化。学校生活丰富多彩，应该成为学生幸福生活的源泉。四川省阆中市是我国农村教育改革的一面旗帜。他们在“做朴素而幸福的教育”实践中，提倡乡村教育要有乡村的气息，要培养孩子们对农村的感情。他们不再以“穿草鞋还是穿皮鞋”来激励学生们拼分数、拼高考，而是根据乡村教育的实际，建设书香校园、生态校园，让学生们从中感受到学校生活的情趣，发展自己的兴趣与特长，找回做人的自信与尊严。天宫中心学校有一片 10 亩地的劳动基地，建在学校运动场和一条清澈的小河之间，风景如画。多年来，那里成了孩子们学习农作物知识与栽培技术的乐园。八年级的梁滢同学在作文中写道:“我们期待着每周二的劳动课，因为我们可以轮流在自家的‘开心农场’里动手劳动。当有知识的‘新农民’，是我们最开心、最快乐的时刻。”眼看着一些村民慕名前来学习大棚种植、黄瓜吊藤、滴灌等技术，学生们又增添了一份成功的自信。

其次，我们要注意培养学生感知幸福的能力。著名作家毕淑敏说：“想要得到幸福，首先得有感知幸福的能力才行。心灵的幸福比什么都重要。一个没有感知幸福能力的人，无论得到再多，都不会幸福。”幸福是客观的存在，幸福更是主观的感受。爱、恨、情、仇、喜、怒、哀、乐是我们生命中的基本情愫，也是我们感知幸福的神经末梢。

在生活中，我们要掌控好这些情愫，让它们朝着积极的方向发展。比如学习压力问题，有人欣赏，有人惧怕。只要勇敢面对，压力就可能转化为成功的喜悦，哪怕只是小有进步，我们的心灵也会得到极大的满足。因为每个人对幸福的理解都有其内在的标准，达到了，就幸福了，没必要去和别人攀比。

作家李敖在《零度生存境界》中写道：“活着就应该享受当下，生活的每一天、每一刻都应该是有滋有味的，只要你用心感觉就是了。”用心感受，快乐生活，这是一种生活态度，更是一种感受幸福的方式。

（三）追求人生的价值

爱因斯坦说，人只有献身于社会，才能找出那短暂而有风险的生命的意义。即便生命渺小得微不足道，我们的社会行为也不会等于零。造福他人，影响社会，我们的生命因追求而凸显出特有的价值。

何国英是广西大学动物科技学院2002级研究生。从大学二年级开始，她先后患直肠癌和肺癌，几次大手术、一次又一次的化疗将这个身高一米六的女孩折磨得不到70斤。但她以惊人的毅力一边治疗，一边攻读“动物营养与饲料科学”，和其他同学一道完成硕士学业，论文答辩结果为“优秀”。就在答辩通过后的第34天，她安静地离开了人世。她在遗书中这样写道：“使命已经结束，我可以离开了，希望大家不要为我难过。”

何国英对农村一往情深。她选择了一个很“土”的课题：非常规饲料——构树叶的营养价值评定研究。她对导师说：“我家在农村，我喜欢这个‘土’课题，构树叶在广西农村到处都是，如果能做成饲料，让农民用很低的成本养猪养鸡，不就可以帮助农民脱贫致富了吗？”看着眼前这个身患绝症的学生，导师无言以对，只得嘱咐说，这个研究很辛苦，多注意身体。

2004 年 7 月，她正受着癌细胞的袭击，整夜睡不着，只能坐着。在这种刀割般的疼痛折磨中，何国英开始了异常艰辛的科学研究。

做动物消化实验需要从事大量体力活，首先要自己养鸡养猪，每天搬运饲料、调和饲料，然后喂猪、鸡，还要收集鸡、猪的粪便、尿液，打扫鸡舍、猪舍；天气炎热，每天要给猪冲十几次水；消化实验要煮树叶，一煮就是几个小时，人不能离开。她每天和师妹们从宿舍到鸡场，从鸡场到实验室，骑车转场连轴转，两三个月风雨无阻，正常人都累得不行，但是她没有一天落下。

2005 年三四月份，实验进入关键时期。她的身体剧烈地疼痛，呼吸困难，咯血。她把氧气瓶搬到实验室，一边吸氧，一边做实验。

在生命的最后阶段，她恳求医生：“你一定帮我顶住，答辩完论文，我才可以安心离去。”有人惊异于这瘦小的身躯何以蕴藏这么巨大的能量，她的弟弟说：“姐姐最大的心愿是用她的研究造福农村，让农民受益。”

人生的价值可以自己认定，然而更多的是要为社会所认同，为公众所认同，只有当个人认定的价值与社会认同的价值达到和谐统一的时候，人生才会有真正意义上的价值。我们要赋予生命以积极的意义，让自己的人生追求符合社会发展的趋势，符合人类进步的要求，符合自身完善的需要，让自己的思想行为对社会具有积极作用。这样，我们才能在实现伟大的抱负中去创造生活、创造价值，描绘出人生的美丽画卷。

四、死亡是生命的归宿

人有生，必然有死，这是一条不可抗拒的自然规律。正是生生死死，构成了生命世界的丰富多彩和不断延续。尽管科学技术不断发展，人的寿命可以不断延长，但人终究有一天会走到生命的尽头。因此，坦然面对死亡，是我们应有的正确态度。

探索死亡与生命的关系，正确地认识死亡，对于我们珍惜生命、珍爱生活，具有十分积极的意义。

（一）死亡是生命的一部分

死亡是什么？有人说，死亡是上帝对罪恶的惩罚；有人说，死亡是命运女神对人类的钟爱；有人说，死亡是对尘世纷扰的逃避；还有人说，死亡是大自然赐给人类的恩惠……其实，死亡是生命的一个过程。生是开始，死就是结束。正如花开花谢、草木荣枯一般，有生必然有死，这是自然界的一个基本法则。生与死构成了生命的完整性，生与死是生命不可缺少的要素，人的死亡是生命的一部分，死是生命完美的结局。

哲学上，人们将生与死视为人生的两个“极点”。对死的恐惧和对生的留恋，构成了人的普遍情感，愿生不愿死。这在一定程度上影响着我们对死亡的认知。培根曾说，与其愚蠢而软弱地视死亡为恐怖，倒不如冷静地看待死亡——把它看作人生不可避免的归宿。我们认识到死亡使生命有限，会更加珍惜自己年轻的生命！

判断死亡的标准是什么呢？很久以来，人们对死亡的认识是这样的：一个人的心脏停止跳动，自主呼吸消失，就是死亡。把心脏视为维持生命的中心，这一概念一直指导着传统医学与法律。

随着医学的发展和社会的进步，采用心脏死亡作为死亡标准的传统做法受到了挑战，于是有人考虑新的死亡标准——脑死亡标准，以脑干或脑干以上中枢神经系统永久性地丧失功能为参照而宣告死亡的标准。

一般以为，判断脑死亡的标准有四条：不可逆的深度昏迷、自发呼吸停止、脑干反射消失、脑电波消失或平坦。

1983 年，脑死亡标准基本完善。不过，现在只有少数国家（如美国）把心肺死亡标准和脑死亡标准同时作为法律上认可的死亡标准。

死亡概念的确定，在医学上和法学上都有着十分重要的意义。宣告一个人死亡，意味着可以合法地撤除对他的一切抢救措施，意味着对其身体可以进行医学或法学的解剖，其有用的器官组织可以移植给需要的人。

（二）敬畏生命，向死而生

面对这个色彩缤纷的世界，要追求的东西很多。然而，我们的生命太过稚嫩，有时甚至有一种不堪重负的感觉。我们不应该以一念之差选择放弃生命。这样既辜负了生命本身，也辜负了养育生命的父母和亲人。

生命对于我们每个人只有一次，生命是宝贵的，生命也是神圣的！为了享受“生如夏花之绚烂”，为了生命所肩负的责任，我们应该保留对生命最起码的敬畏，生命因人的敬畏而有存在的意义。

德国哲学家海德格尔说，人是“向死而生”的。他认为，人只要还没有亡故，就以“向死”的方式存在着。因此，要珍惜自己的生命，进而活出自己的价值。人的死亡是相同的，但死亡的价值和死后的影响却是不同的。

有的人为了人类的自由和解放慷慨就义，有的人为了追求自己崇高的理想事业毅然赴死，有的人为了维护国家利益或救助他人的生命而不惜牺牲自己的生命……他们用不朽的“死”，提升了自己的人生价值。于是，世人纪念他们——人虽逝去，精神永驻。

（三）坦然面对死亡

培根在《论死亡》中指出，死亡与生命都是自然的产物，婴儿出世可能与死亡一样痛苦。有生必然有死，这是人生不可避免的归宿。我们每一个人都要坦然面对。

田维是一个白皙清纯、明眉大眼、活泼而又端庄持重的美丽女孩。她爱写作，文笔清新淡雅，情愫细腻善感。看上去她很柔弱，可是她面对死亡的那种精神和态度，却比大多数人都要勇敢。

这美丽的女孩，15 岁就患上绝症，但她依然坚强、乐观、开朗。她坚持学习和写作，以一颗感恩的心观察生活、感受生活，用日记的形式记录着生活中的点点滴滴。她写朋友，写初到的爱情，写一池荷花，写四季的更替，写人生的感悟，而更多的是写无处不在的爱。

2007 年 8 月 13 日晚上，她花一般美丽的生命被病魔带走了。她走了，但她留下了一个美丽女孩最后的生命独舞，留下了一本让我们读着既感亲切又感疼痛的《花田半亩》。

“我们来自偶然，生命是宝贵的礼物，爱你所爱的人，温柔地对待一切，不要因不幸而怨恨和悲戚……因为有爱，我们不该恐惧。”

“倘若，这世上从来未有我，那么，又有什么遗憾？什么悲伤？生命是跌撞的曲折，死亡是宁静的星。归于尘土，归于雨露。这世上不再有我，却又无处不是我。”

“妈妈说，如果能够再次孕育你该多好。你仿佛在怨恨自己，将我生成多病的身躯。妈妈，我却时常感谢你，你给了我生命。即使这身躯，有许多的不如意，但是生命，从来都是独一无二、最难能宝贵的礼物。我感谢，今生是你的女儿，感谢能依偎在你的身旁。妈妈，不幸是我们共同的命运。幸福，却是更深切的主题。”

“迎接所有安排，而无所怨恨和悲戚，从容淡定。这样的生命，将是骄傲而尊贵的。我于是决定拒绝狼狈，拒绝一切忧伤。虽然，我落下了眼泪，那是因为切肤般感同身受的疼痛，因为太多的深爱。”

田维对待死亡的态度，使我们“在死亡的哭泣中，看到了生命的欢颜”。

为悼念逝去的生命，不同民族、不同地区、不同国家的人们则采用了不同的方式。丧葬仪式，是人生最后的一项“脱离仪式”，它寄托着生者对死者深深的悼念之情。尽管丧葬形式和丧葬意识有很大的区别，但都表达了人们对死者的态度，以及对死亡的理解和认识。扫墓，是祭祀死者的一种活动。清明节是我国法定的传统节日，也是最重要的祭祖和扫墓的日子，它表达了我们对逝者的缅怀与尊重。

参考文献

[1]乌纳穆诺．生命的悲剧意识[M]．哈尔滨：北方文艺出版社，1987.

[2]周辅成．西方伦理学名著选辑（下卷）[M]．北京：商务印书馆，1987.

[3]高清海．“类生命”与“类哲学”——走向未来的当代哲学精神[M].长春：吉林人民出版社，1998.

[4]叶澜．教育研究方法论初探[M]．上海：上海教育出版社，1999.

[5]王坤庆．现代教育哲学[M]．武汉：华中师范大学，1999.

[6]张曙光．生存哲学——走向本真的存在[M]．昆明：云南人民出版社，2001.

[7]叶澜．教育理论与学校实践[M]．北京：高等教育出版社，2001.

[8]冯建军．当代主体教育论[M]．南京：江苏教育出版社，2001.

[9]高清海．人就是“人”[M]．沈阳：辽宁人民出版社，2001.

[10]杨安澜．人格与学力的主体性教育[M]．上海：第二军医大学出版社，2001.

[11]肖川．教育的理想与信念[M]．长沙：岳麓书社，2002.

[12]左焕琪．外语教育展望[M]．上海：华东师范大学出版社，2002.

[13]郭元祥．生活与教育[M]．武汉：华中师范大学出版社，2002.

[14]胡守钧．社会共生论[M]．上海：复旦大学出版社，2006.

[15]李家成．关怀生命：当代中国学校教育价值取向探[M]．北京：教育科学出版社，2006.

[16]刘恩允．大学生生命教育研究[M].北京：中国社会科学出版社，2012.

[17]朱小蔓．关注心灵成长的教育：道德与情感教育的哲思[M]．北京：北京师范大学出版社，2012.

[18]李伟平．关怀生命：学校教育的本真回归[M]．南京：江苏凤凰教育出版社，2015．

[19]赵传家．怎样做好中学校长工作[J]．中学教育，1983（6）：31-33．

[20]鲁洁．道德教育，一种超越[J]．中国教育学刊，1994（6）：2-8．

[21]刘铁芳．生命情感与教育关怀[J]．高等师范教育研究，2000（6）：26-30．

[22]杨一鸣．理解教育[J]．上海教育科研，2001（3）：26-29．

[23]刘济良．教育与人的生命[J]．教育研究，2004（5）：35-36．